所謂人生，歸根究底，就是「一瞬間一瞬間持續的積累！」

人生的構成＝思維方式×熱情×能力

稻盛和夫人生哲學

比雅久和　編著

前言

稻盛和夫（一九三二～二〇二二年）日本「經營四聖」的最後交棒人，除了創辦享譽世界的「京瓷」企業，也打破當時壟斷日本電信事業的NTT，而創立第二電電KDDI。二〇一〇年，日本航空面臨破產的危機，這時78歲的他，由於當時首相鳩山由紀夫再三的請求，接下了這一「不可能的任務」，結果他僅用了424天就將日航從死亡邊緣給救了回來——轉虧為盈。

換言之，他不但挽救了40多萬名股東，也打贏了5萬名員工的「生存與死亡」之戰役！而這段可歌可泣的青史，也被世界的ＭＢＡ教科書中列為「經典案例」！

僅管一生，他幹得轟轟烈烈，也立下了許多的豐功偉業，不過，稻盛和夫在晚年卻不斷地反思，希望世人不要吹捧其所創立的企業有多麼大的成就，而是謹記他如何走過曾經面臨的困境，認為企業經營者應暮鼓晨鐘般地每天不斷自省，他留下傳世的經營之道——「動機良善，了無私心。」

稻盛和夫一生喜歡閱讀、著書豐富，做為一個「商人」，像他那樣睿智、具有遠見、充滿智慧的經營者，幾乎寥寥無幾！與其說他是「企業家」，不如說他是一個人生的「哲學家」，他曾說過一個很哲學式的比喻——

「我站在一樓，有人罵我，我聽到了很生氣。我站在十樓有人罵我，我聽得不太清楚，我還以為他在跟我打招呼。我站在一百樓有人罵我，我根本聽不見，也看不見。一個人之所以痛苦，是因為他沒有高度。高度不夠，看到的都是問題。格局太小，糾結的都是雞皮蒜皮小事。放大你的格局，你的人生將會不可思議。」

格局小，視野小，圈子小的人，眼光只放在小鼻子小眼睛的雞毛蒜皮小事上，成不了什麼氣候，如果把格局放大，站在高一點的位置上「我站在十樓有人罵我，還以為他在跟我打招呼」——如此雲淡風輕、心境開朗，豈不是一件人間美事！

那麼，如何才能使我們的人生變得更美好呢？

能力固然重要，但扭轉人生的卻是「思維方式」

稻盛和夫認為，人生存在著一個方程式——

人生・工作的結果＝思維方式×熱情×能力。

其中，最重要的是「思維方式」。不論熱情和能力的分值多高，如果思維方式方式為消極負數的，人生則不會有好的結果，來之不易的熱情和能力也都會付諸東流。

歸根究底，思維方式決定人生。一個人無論多麼才華橫溢，如果居心不良，人生必會黯淡無光。如果為了實現目的不惜傷害別人，即使出發點是正確的，也會因為思維方式是消極負數而與幸福失之交臂。

人生於世，難免起起伏伏、高高低低，當你的生活陷於低潮之際，別怨天尤人、別想放棄，因為這正是海水要高漲的前夕了，像稻盛和夫一樣，他雖然是平凡之子，也能在人生的稿紙上，寫下自己不平凡的歷史！

《稻盛和夫人生哲學》這部作品並不是什麼高深奧妙的哲理書，它只是提供你另一種思維方式、一種心態、一種人生的態度，不管你現在的人生位置在哪裡，你的生活仍會繼續下去，你的思維也會一直在你身上，向右向左、向上向下，一切都操之在你。所以，你絕對可以選擇，如何做你自己！

目錄

第二章

第五章 人生的轉折＝相信自己的可能性，而不斷超越自己／139

第六章 人生的魅力＝用熱情和執著，朝目標大步前進／169

第一章

人生構成＝思維方式×熱情×能力

1．改變思維，才能改變人生

怎樣做才能使人生更美好、更幸福！稻盛和夫說以下面這個方程式來解釋：

人生，工作的結果＝思維方式×熱情×能力

就是說，人生和工作的成果，由上述三要素相乘而不是相加得來。

首先，所謂能力，也可以說是才能、智商，多半是先天的資質，包括健康以及擁有運動神經等；而熱情是指工作的幹勁和努力的程度，這是後天的要素，可由自己的意志來掌控。這兩者都可以從0分到100分幅度內來打分數：

因為是相乘的關係，有能力卻缺乏熱情的人，分數不高，結果不好；相反能力相對不強，但因意識到自己的不足而發憤努力，在人生和工作中充滿燃燒般的熱情，這樣的人取得的成果，遙遙領先於那些有能力的懶人。

而三要素中最重要的是「思維方式」。甚至可以說「思維方式」決定了人生的結果。「思維方式」是指人的心態，人對於人生的態度，也包括人生的哲學、理念和思想等等。

為什麼「思維方式」最重要，因為它有正負，它可以低於零分，可以從負100分到正100分範圍內打分。

剛剛也講了，能力強，熱情高，但「思維方式」的方向錯了，「思維方式」是負值，因為三者是相乘的關係，結果就導致一個相應的負值。

稻盛和夫當年大學畢業正逢就業困難期，因為沒有門路，多次就職考試都不被錄用。既然無法正常就業，不如乾脆去當一名「知識型的黑社會成員」。在這個弱者吃虧的不合理社會中，加入講究義氣人情的黑社會或許更有出息。當時他就抱有這種扭曲的心態，相當認真地思考過這個問題。

當時如果真的走上那條路，他可能會成為一個小小的黑幫頭目，略有名聲，然而在那樣一個組織裡不管多麼強悍，因為「思維方式」是扭曲的、是負值，就不可能有一個幸福的人生。

那麼正面的「思維方式」是什麼呢？

這個問題不必想得太複雜，用常識判斷就行。

例如——

積極向上；有建設性；有感恩心；有協調性、善於與人共事；性格開朗、對事物持肯定態度；充滿善意、有同情心、關愛心；勤奮；知足；不自私、不貪欲；等等。

2.「心想事成」是宇宙的法則

佛教裡有「思念造業」的說法，所謂「業」就是「因」，就是產生現象的原因。就是說，「心中所想」就是原因，這種原因產生的結果，會在現實中出現。所以，你心中想什麼，你思考的內容，非常重要。佛教就是教導人們思想中不可摻雜邪念。主張「積極思考」的哲學家中村天風（一八七六～一九六八年）先生，出於同樣的理由，也告訴我們「決不可在心中籌畫邪念。」

你心中描畫怎樣的藍圖，決定了你將度過怎樣的人生。強烈的意念，將作為現象顯現——請你首先銘記這個「宇宙的法則」。有人認為稻盛這句話過於玄妙而無從接受。然而，這是他從各種各樣的切身體驗中產生的、讓他確信的絕對的法則。

就是說，你心中想的是好事，是善念，你的人生就將是美好的；你總動壞腦筋，充滿惡念，你的人生就不會順暢。這條法則在宇宙中發揮看它的作用。因為「心中所想」不會立即產生結果，所以人們不太容易理解這條法則，但從20年、30年這樣的長時段看，這條法則靈驗得很，大多數人的人生就是他自己常在心中描繪的那種景況。

因此，讓自己擁有一顆純潔美好的心靈，這是我們思考如何度過人生時的一個大前提，因為一顆美好的心靈——特別是「為世人、為社會做奉獻」的思想，就是這個宇宙本身的意志。

宇宙中存在一股力量，它要讓萬物進化發展、變得更加美好。我們可以稱這股力量為「宇宙的意志」。如果順著「宇宙的意志」產生的潮流而動，我們的人生就會帶來成功和繁榮；如果逆著這潮流而動，就必然走向沒落和衰退。

所以，要讓世間萬物更加美好，抱著這樣的利他之心、關愛之心不懈地努力，那就是順應了宇宙的潮流，就能度過幸福的人生。相反，憎恨、嫉妒他人，只想自己佔便宜，充滿利己之心的人，他們的人生將越發糟糕。

貫穿於整個宇宙的所謂「宇宙的意志」，充滿著關愛、真誠以及和諧，它要讓萬物都各盡其能，讓整個宇宙都朝著更好的方向成長發展。

3．沒有努力，再好的遠景也是空想

稻盛和夫認為清晰而具體的遠見對於人生經營的重要性。良好的遠見之於人，就像遠航時彼岸的燈塔一樣，給人以正確的方向，能夠引導我們向著目標邁進。然而，如果沒有努力，就算是再好的遠見也都是不切實際的空想。建築師將奇思妙想勾畫成美妙絢麗的設計藍圖，如果不付諸努力一磚一瓦地加以堆砌，那再偉大的設計也只是一紙空白的企劃書。

稻盛和夫剛創業時，京瓷公司還是一個名不見經傳的小公司，他想做出世界一流的企業，努力達到客戶苛刻得幾乎無法完成的訂單要求，但夢想與現實之間的距離，彷彿永遠無法超越。

稻盛和夫在京瓷公司創立之初，就有著一個偉大的遠見——要將京瓷發展成為「京都第一、日本第一、世界第一」的大公司。然而，當時京瓷只是一個微不足道的小工廠罷了，為了拿到訂單，為了把他們的遠見變成現實，稻盛和夫經常承擔一些被大企業拒絕的高度技術的要求項目。

京瓷在第一次接到接到IBM的大量機體電路元件採購訂單時，公司上下都非常高興，因為對於當時毫無名氣、規模相當不起眼的京瓷公司來說，這是一個提高知名度、宣傳品牌的絕佳機會。不過，他們沒有高興太久，當他們看到IBM的規格書時，京瓷的員工們表情凝重了起來。一般的規格書僅僅是一張紙而已，而IBM的規格書足足有一本書那麼厚，內容詳盡而精確，IBM對零件要求的苛刻程度可見一斑。

京瓷經過多次試產，都無法也到IBM的精度要求。最後終於製成的他們自己以為合格的產品，但還是被IBM貼上不合格產品的標籤退了回來。看著費盡心力卻被退回的產品，面對消極氣餒的員工，稻盛曾經也想過，也許他們真的完成不了。但是想到爭做世界一流企業的遠見，他認為，他們還要繼續努力，要付出百分之百的努力，竭盡所能地、不遺餘力地投入，如果做不到這種程度的努力，那麼他的遠見永遠只能存

在於腦海中。於是，他鼓舞員工們打起精神，再一次開始了技術攻堅戰。

儘管如此，項目進展還是不盡如人意。在公司士氣跌入低谷時，稻盛只能不停地鼓勵員工，請大家一定要「竭盡全力」！

又經過了許多次的努力，他們終於攻克了技術難關，成功製造出了高技術高難度的、完全符合標準的精密產品。之後的兩年裡，京瓷的工廠滿滿的負荷運作，訂單都在要求的供貨期內順利出廠了。

在歡送最後一輛裝滿精密產品的卡車離開車間時，稻盛和夫不禁感歎：「人類的力量真是難以估計啊！」

在人生的道路上，沒有人能一步就達成功的終點站。正所謂「鍥而不捨，金石可鏤」，只要努力不懈，才能達成目標。那些偉大但又遙不可及的遠見，只要我們堅持不懈、毫不退縮、一路向前，傾注我們全部的熱情與精力，就能使我們的潛能迸發出來，最終完成原本不可思議的任務。

芸芸眾生之中，能夠達到或者接近「完人」境界的人，幾乎沒有。人，最難的就是有自知之明，清楚明白地知道自己的缺點、敢於承認自己的缺點。

稻盛和夫從不認為自己能力超群，自己能力超群，為何能力普通的他能取得常人不能及的成就、能夠成為對社會有貢獻的人呢？讓我們看一看稻盛的計算方法。

前面說過稻盛認為：人生•工作的結果=思考方式×熱情×能力。

比如，高智商的人可能在能力這一項上可以得到90分，但是他驕傲自大、不屑於努力，只有30分的熱情，兩者相乘，只得到2700分。

相反，一個人可能資質平平，沒有接受過高等教育，在能力上只能勉強達到60分的水平；但是他能夠認識到自己的不足，用認真和努力去彌補，以90分的熱情投入到工作中，那麼，他的得分就是5400分，同前者相比，多出了足足一倍的成果。

稻盛一直以這個計算方法作為事業發展的思想基石，用得分高的因素去盡力彌補因為缺點而導致低分的因素，兩者相乘，最後的結果未必不好。

「態度決定一切！」這是美國著名的牧師、演說家諾曼•文森特•皮爾的一句名言。態度是一種神奇的力量，它紮根在人的思想深處，左右著我們的每一次選擇。如果說人生就是由每一次選擇所構成的方程式，那麼態度最終也會決定了人的一生。

積極的態度能夠點燃我們內心的希望，激發沉睡的潛能，讓我們在面對順境時保持清醒、不驕不躁，讓我們在面臨逆境時保持樂觀、不氣不餒；消極的態度卻讓我們經不起一點風浪，在困難和不幸面前繳械投降，不想如何解決問題、掙脫苦難，卻把時間浪不在悲歎和抱怨上面。

稻盛和夫曾多次強調樂觀態度的重要性，尤其是企業的經營者，即使身處最難熬的逆境中，也要保持積極的態度。他的這些感悟和他的人生經歷有著很大關係，當初，他也是從悲觀的人生態度中走出來的呢！

4．考驗自己，以樂觀代替悲觀

稻盛和夫中學升學考試失敗之後，他就感染了結核病。雖然當時結核病不是絕症，但是他的家族裡有兩位叔叔和一位嬸嬸都被結核病奪去了生命，他的家族因此被人稱為「結核病家族」。

結核病帶來的病痛和死亡，使恐懼和悲傷在他心裡久久揮之不去。他非常害怕被感染，當初叔叔在家中療養時，他總是避之不及，躲得遠遠的。結果後來，在叔叔身邊看護著的父親沒有被感染，對結核病不以為然、認為不會輕易被傳染的哥哥也好好的，只有他被感染了。

生病時，稻盛一位鄰居阿姨送給他《生命的真相》（「生長之家」教主谷口雅春著）那本書中提到過：「我們內心有個吸引災難的磁鐵。生病是因為有一顆吸引病痛的贏弱的心。」他感到費解：為什麼偏偏是自己病了呢？也許真的像書中所說的那樣，自己消極的心引來了病痛。

終於，結核病好不容易治癒了，又可以回到學校了。可是，戰勝了病痛的稻盛並沒有從此擺脫失敗和挫折的糾纏。滿心期待的大學入學考試不合格，沒有考入第一志願的大學。進入了本地的大學之後，成績一直不錯，以為可以找到一份稱心的工作；可是，畢業時趕上了經濟大蕭條，參加多次就業考試，屢戰屢敗。

最後，在大學老師的關照下，好不容易在京都的電用絕緣瓷瓶製造廠松風工業謀得了一個職位；然而，這個公司簡直就是一個爛攤子，說不定什麼時候就會倒閉，到

期發不出工資是家常便飯，管理公司的家族不但不努力思考讓公司起死回生的辦法，反而在鬧內訌！

「為什麼！為什麼倒楣的總是我？好事不敲門，壞事卻不斷。費盡心力進入的公司竟然是這般樣子！」稻盛心中的不滿和怨恨越來越多。和他同期進入公司的同事們每天都在商量著什麼時候辭職，不久，同事們都跳槽離開了，只剩下稻盛一個人留在公司。他也不是沒有過離開的念頭，只是當初因為恩師的關係才能進入公司，雖然有抱怨有不滿，卻不能這樣就放棄。

當稻盛跌入了人生低得不能再低的低谷時——他的心態反而有所轉變了。他想，與其抱怨時運不濟、懷才不遇，還不如好好工作，也許還有改變現狀的可能。之後，他的心情豁然開朗，一心一意進行研究，成果有目共睹，隨之獲得上司的好評。而這些積極的成果推動他更加認真地工作，取得更好的結果。從此，他進入了「積極——努力——收獲——更積極——更努力——更多收獲」的良性循環。

所以，稻盛和夫的人生經歷告訴我們，命運並沒有既定的軌道，不同的態度決定了人生的不同方向，積極的態度能推動人們邁向成功，消極的態度只會使人陷入惡性循環的沼澤。態度生長在我們的思想深處，它影響著我們的思維和判斷，控制著我們的情感和行為，牽引著我們的人生方向。在人生的道路上，消極的態度只會將我們引向負面的方向，讓我們在負面的路上越走越遠。

事實上，與其抱怨時運不濟，不如打起精神、做好準備等待機會的到來。無論何時，保持積極的態度，即使我們一無所有，至少還能以樂觀的態度去生活。

稻盛曾說：我們無法選擇出生於什麼樣的年代，我們也無法改變整個社會和所有人；但是，我們可以選擇對待生活的態度，我們可以改變自己的思考方向。佛家有云：物隨性轉、境由心生。如果一個人心中是快樂的、積極的，那麼事物在他眼裡都會有美好的形態；如果一個人心裡裝的是悲觀和消極，那麼事物也都面目可憎。

有一個老太太，大家都叫她「哭婆婆」，因為她整天都坐在路口哭。

一天，一位禪師路過此地，就問她緣由。老太太告訴禪師：她有兩個女兒，一個嫁給了賣鞋的，一個嫁給了賣傘的。晴天的時候，她就想起了賣傘的女兒，擔心她的傘會賣不出去，因此傷心而哭；雨天的時候，她又想起賣鞋的女兒，想

她的鞋一定不好賣，因此也傷心落淚。所以，不論晴天雨天，她總是哭。

禪師聽罷，對婆婆說：「你為什麼不這樣想呢？晴天的時候，你那個賣鞋的女兒生意好；雨天的時候，你賣傘的女兒生意好，所以不論晴天還是雨天，都值得你高興啊！」

聽了禪師的一番話，老太太頓悟了——從此，街頭便有了一個總是樂呵呵的「笑婆婆」。

有時候，事物的好壞其實只在於我們內心的想法。就算是半杯水，悲觀的人看到了會說：真倒楣，只剩下半杯水了；樂觀的人會說：真幸運，居然還有半杯水。相信每朵烏雲都鑲有金邊，相信風雨過後一定有晴美的天空——這就是樂觀。樂觀是一種積極的人生態度，它能夠讓人擁有身處逆境而不拋棄、不放棄的堅定信心和旺盛鬥志，讓人在紛爭雜亂的現實中保持快樂的活力和豁達的心境。

稻盛在一次記者會上談及領導者心懷樂觀向上態度的重要性。

「領導者的態度對於組織來說極為重要，不管他的態度是消極的還是積極的，都將對組織的生產力、員工、客戶和投資方產生直接的影響。領導者必須保持樂觀向上的心態，才能堅定繼續前進的決心，才有面對危機的勇氣。

「在經濟蕭條時，領導者的樂觀心態就更為重要。以一顆樂觀的心去接受現實，並冷靜地制定策略去改變現實或者改變被動的局面，相信一定有否極泰來的一天。只有領導者樂觀、冷靜、沉穩，才能帶領整個組織朝著正確的方向走。」

有記者問及他，這種樂觀的概念是否可以應用在日常生活中，稻盛引用了作家羅伯特・舒勒在《成功無終結，失敗非絕對》一書中的話：

「對人生保持正面的看法，是成功的先決條件。」

稻盛說，永懷樂觀向上的心態、相信人生終將如你所願，這是很重要的。從期待一個好的結果開始，不是很好嗎？

稻盛相信：內心不渴望的東西，永遠不可能靠近自己。你達成的事情都是你曾經在心底裡渴望過的；如果沒有過渴望，那就即便是能夠實現的事情也實現不了。

我們在祝福別人做事順利的時候都會說「心想事成」。所謂「心想事成」，是說我們心裡所想的都會成功。這種「想」，就是強烈的渴望。

在我們周圍，具備同等的能力也付出了同樣的努力，有的人成功了，有的人卻沒有。其中的差距在哪裡呢？有的人說是運氣不同，其實更重要的原因是對目標的渴望程度不同。曾有人說：「人的能力的唯一限制就是他渴望的程度。」雖然這樣說有些絕對，但是其中的道理卻是值得我們思考的。

我們每個人都有自己的目標，也希望達成。但是，只是一般的「想」是不夠的。很多時候，我們只是想要，而沒有告訴自己說一定要；很多時候，我們只是渴望擁有，卻沒有努力創造；很多時候我們只是想著「如果能夠這樣就好了」，只是抱著可有可無的心理，而沒有痛下決心不達目標絕不止步。

只有用心渴望的目標才可能達成，只有近乎瘋狂的強烈的願望才能讓我們不論何時何地，哪怕是最不涼、背運的時候也能夠守護心中不滅的熱情，去努力、再努力。

人生總有不如意，可是我們不要輕易退場，力量來自渴望！強烈的、近乎瘋狂的渴望，能夠堅定我們的信念，在我們遭遇挫折時、在我們灰心喪氣時——給我們前進的力量。

想要達成目標、想要成就事業就不能沒有這種強大的力量。我們對目標的渴望必須是每分每秒、無時無刻不在的，要將這種渴望融進我們的血液、浸入我們的骨髓，彷彿呼吸的空氣中都是對目標的渴望。

對目標的渴望達到了這種「狂熱」的程度，我們身上的雷達就會全面啟動，映入眼簾的每件事物、敲擊耳膜的每個聲音，我們都會將之與渴望著的目標相聯繫。在派對上遠遠看到的某個人，他能夠幫助你達成目標，那麼他就成了你應該全力去接觸的人；別人不經意的一句話，其他人聽到沒有想法，說不定就能給你帶來新的靈感。

5．工作是實現人生價值的階梯

人和動物、植物的區別在哪裡？心理學之父威廉・詹姆斯曾說過：「我們這個時代最偉大的發現就是，人們可以通過改變思考方式來改變自己的生活，而思考方式是人們可挑選的一種選擇，我們可以用積極抑或消極的思想對待事物。若非身體機能出現差錯，我們都可能自主地選擇用哪種思考方式思考問題。」

阿蘭・彼得森說過：「消極思潮正影響著我們，人天生容易受到消極思想的影響。在實際工作中，人們不難發現，如果有一個人說一些心灰意冷的話，就極有可能降低整個團隊的士氣；而真誠的讚美則令人精神鼓舞、鬥志昂揚。」

縱觀職場百態，成功者之所以成功，就是能夠將正面的思維運用到工作和生活中，自己樹立自己，自己成就自己。

一個精明的荷蘭花草商人，千里迢迢從遙遠的非洲引進了一種名貴的花卉，培育在自己的花圃裡，準備到時候賣個好價錢。對這種名貴花卉，商人愛護備至，許多親朋好友向他索要，一向慷慨大方的他，卻連一粒種子也不給。

第一年的春天，他的花開了，花圃裡萬紫千紅，那種名貴的花開得尤其漂亮。第二年的春天，他的這種名貴的花已繁育出了五六千株，但他發現，今年的花沒有去年開得好，花朵略小不說，還有一點雜色。到了第三年，名貴的花已經繁育出了上萬株，令他沮喪的是，那些花的花朵變得更小，花色也差很多，完全沒有了它在非洲時的那種雍容和高貴。當然，他沒能靠這些花賺上一大筆。

難道這些花退化了嗎？可非洲人年年種養這種花，大面積、年復一年地種植，並沒有見過這種花會退化呀。百思不得其解，他便去請教一位植物學家。

植物學家問他：「你的鄰居種植的也是這種花嗎？」他搖搖頭說：「不！這種花只有我一個人有，他們的花圃裡都是些鬱金香、玫瑰、金盞菊之類的普通花卉。」植物學家沉吟了半天說：「儘管你的花圃裡種滿了這種名貴之花，但和你的花圃毗鄰的花圃卻種植著其他花卉，你的這種名貴之花被風傳播了花粉後，又沾上了毗鄰花圃裡的其他品種的花粉，所以你的名貴之花一年不如一年，越來越不雍容華貴了。」

商人問植物學家該怎麼辦，植物學家說：「誰能阻擋住風傳播花粉呢？要想使你的名貴之花不失本色，只有一種辦法，那就是讓你鄰居的花圃裡也都種上你的這種花。」商人於是把自己的花種分給了自己的鄰居。次年春天花開的時候，商人和鄰居的花圃幾乎成了這種名貴之花的海洋——花色典雅，朵朵流光溢彩，雍容華貴。

之後，這些花一上市，便被搶購一空，商人和他的鄰居都發了大財。

想要有名貴的花，就必須讓自己的鄰居也種上同樣名貴的花。精神世界也是這樣的，一個人想要維持自己品德的高尚，如果不懂得和別人分享，就只能是孤芳自賞，甚至背上自閉與不通事理的罵名。

「分享」是為了在我們需要時的得到，給自己一個好人緣和和睦的生活、工作環境。在分享中，我們得到的遠比分享的多得多。

成功是有順序的，首先是有一個正面的思維，然後是做法的有效，最後是人格的提升。可以這麼說，正面思維是所有成功的起點。在歷史故事裡、在現實生活中，哪裡有成功人士，哪裡就有正面思維。

正面思維會促使人們以積極、主動、樂觀的態度去處理任何事情，使事情向著有利的方向發展。正面思維使人在順境中脫穎而出，在逆境中更加堅強。正面思維會變不利為有利，變優秀為卓越。

正面思維在人們日常工作的真正執行中，會被發現更多的力量和價值。正面思維是一個神奇的魔棒，它能點石成金，幫助每一位員工在職場中搬開絆腳石，披荊斬棘，乘風破浪，並賦予他們一個充滿魅力的人格。

6．目標就是內心理想無止境地追求

嚴格說來，人與人智力之間的差別很小，造成人與人之間巨大差距的是努力、用心的程度不同。稻盛和夫就是一直以完美為目標無盡地追求，他坦言，就工作而言，自己是個完美主義者。

在平時的生活當中，要求自己做到事事完美著實困難。但是如果你能把追求完美變成自己的第二天性，事情就變得輕鬆簡單很多。好比發射一顆衛星上天需要非常巨大的能量。然而，一旦衛星走上了它的運行軌道，那麼就不需要很大能量便可以維持它的正常運轉了。

八年前，莎莉和科爾還在俄勒岡州的一家大酒店裡供職。在工作中他們發現，很多人在旅遊之際，不願意去酒店裡的酒吧、賭場、健身房等娛樂場所，也不喜歡看電影、電視，而是願意靜下心來在房間裡看書。時常有遊客問科爾：酒

店裡能不能提供一些書？酒店裡沒有，愛看小說的科爾滿足了他們。

問的人多了，莎莉就留心起來。一段時間後，她發現這一消費群體相當龐大。現代社會壓力極易讓人浮躁，人們強烈地要求釋放自己，有的人就去酒吧瘋狂，去賭場尋求刺激來發洩，而另一部分人偏愛尋一方靜地讓自己遠離並躲避一切煩惱與壓力，看書是一種最好的方式。開一家專門針對這類人群的旅館，是否可行呢？莎莉在一次閒聊時，把這個想法對科爾說了。沒想到他早就注意到這一現象，兩人一拍即合，決定合夥開辦一家「小說旅館」。

為了安靜，他們最後選擇了紐波特海灣這個偏僻的小鎮。他倆集資購買了一幢三層樓房，設客房20套，房間裡沒有電視機，旅館內沒有酒吧、賭場、健身房，連游泳池都沒有。這就是科爾和莎莉所想要達到的效果。

在「海明威客房」中，人們可以看到旭日初升的景象，通過房間中一架殘舊的打字機及掛在牆壁上的一隻羚羊頭，人們馬上就會想到海明威的小說《老人與海》及《戰地鐘聲》等裡面動人的情節描寫，迫不及待地想從「海明威的書架」上翻看這些小說，那種舒適的感覺也許讓人終生難忘。所有的故事描述與人物刻畫在莎莉和科爾的精心籌畫和佈置下，都表現在房間裡。令人大惑不解的是，他們的旅館剛投入使用，來此的遊客就與日俱增。

原來，在科爾和莎莉佈置旅館的同時，就早已開始了招徠顧客的工作。既然是小說旅館，自然顧客群是與書親近的人。為了方便與顧客接觸、交流，他們在俄勒岡州開了一家書店，凡是來書店購書的人都可以獲得一份「小說旅館」——西里維亞・貝奇的介紹和一張開業打折卡。許多人在看了這份附著彩色圖片的介紹之後，就被這家奇特的旅館吸引住了，有的人當即就預訂了房間。

為了增大客源，莎莉還與俄勒岡州的其他書店聯繫，希望他們在售書時，附上一張「小說旅館」的介紹。這種全方位、有針對性的出擊，為他們贏得了穩定的客源。隨著時間的推移，「小說旅館」的影響日漸擴大。莎莉和科爾書店生意的興隆，也顯示出了其「小說旅館」客人的增加。在旅館的每個房間和庭院裡，隨處可見閱讀小說、靜心思考、埋頭寫作的人，甚至一些大牌演員和編劇也在這裡討論劇本。一些新婚夫婦以住在旅館中用法國女作家科蕾特（一九四八年獲諾貝爾文學獎提名，成名作《金粉世界》）命名的「科蕾特客房」中度蜜月為榮。

以完美為目標是一種理念、一種意識、一種作風、一種精神、一種積極對待問題的態度、一種精益求精細緻入微的工作模式。完美主義不是一項階段性的任務，而是一項系統性很強的長期工程。

7.從知識到見識，從見識到膽識

在一個釣魚池旁邊，有一群喜歡釣魚的人正在垂釣。似乎每個人的運氣都很不好，沒有一條魚上鉤，因此當其中一位老先生釣到一條大魚時，大家都為他喝彩。而這位老先生表情卻非常奇怪，他兩手捧著魚，目測魚的大小後，竟搖著頭將魚放回魚池。雖然周圍的人都很驚訝，但畢竟這是人家的自由，大家也只好若無其事地繼續垂釣。

接著，老先生又釣上一條大魚，他看了一下又把它放回魚池裡，大家都覺得奇怪。等到第三次老先生釣到一條小魚時，他才露出笑臉將魚放進自己的魚簍裡，準備回家。這時有一位老人問他：「雖然來這兒釣魚的人只是為了盡興，但你的行為令人不可思議。頭兩次釣上來的大魚你總是放回水裡，而第三次你釣上來的魚非常小，在任何一個魚池裡都可以釣到，你卻非常滿意地將它放到魚簍裡，這是為什麼呢？」

老先生回答說：「因為我家最大的盤子只能放這麼大的魚。」

這就是思維被「小盤子」框住的結局，如果要更寬廣人生，你就必須去尋找一個「大盤子」！

關於知識、見識和膽識，字典裡的解釋是：知識是人們在改造世的實踐中所獲得的認識和經驗的總和；見識的意思是見聞、知識；膽識的意思是膽雖和見識。

知識大部分是書本上得來的，基本上屬於理論範圍；見識是在知識的基礎上有一定的實踐；而膽識則是人的能力和魄力，是才華和知識的集合。知識的內容包羅萬象，所涉及的範圍廣泛。見識是平時我們對身邊周圍社會和事物的觀察、思考和積累

的程度，是一個人通過參與社會實踐所獲得的認識和經驗的積累。所謂見多識廣的多是那些有著豐富經驗的人。此外見識還意味著一個人對事物認識的維度，即深度、高度和廣度。

一個人對事物的洞悉能力和感知能力常常來源於他的見識。接受教育，不間斷地學習，是進行知識積累的過程；把學到的知識直接或間接地在實踐中去運行闡釋，借鑒正反兩方面的經驗，遇事多分析、多總結，減少無知的盲目舉動和不知所措的愚蠢行為，這就是見識。學習的知識通過實踐經歷的釀造不斷積澱，逐漸厚重起來，那麼具有個人風格的見識便於實踐中形成了。見識是知識在實踐中淬煉的結晶。

膽識是膽量和見識的綜合體，無論是在工作中還是生活中，每個人都經受過這樣的考驗：關鍵時刻，有沒有膽量站在一個嶄新的高度，迎接某些原本自己能力達不到的挑戰。最後使你堅定並堅持下來的力量，是一種犀利的眼光、堅強的意志，以及明智的選擇，這便是膽識。膽識是人的勇氣和能力。

稻盛和夫在日本哲學大師安岡正篤的著作中，對「知識」、「見識」、「膽識」有了領悟。稻盛認為，膽識的母親是勇氣。很多人知道這個道理，卻在困難面前猶豫躊躇，關鍵在於他們缺乏勇氣作為後盾。過分在意「自我」會導致勇氣的喪失。

其實傑出者與平庸者的差距，並不簡單地在於知識的多寡、專業的優劣，而在於誰的經歷豐富，見多識廣，遇事不慌，有一種運籌帷幄的膽識和氣度，對於任何情況都能應對自如。

為了更好地生活，人們必須掌握各種各樣的知識。然而，知識本身是單薄的，幾乎承擔不起任何的實際作用。必須將知識進一步轉化成具有強大實踐能力的見識。當然，這還是不夠的，必須用真正的勇氣把知識打造成不為任何事所動的膽識，這才是成就大事業的支撐點。

有膽量才會有突破，有突破才會有創新。然而，倘若沒有知識和見識給勇氣打底，那勇氣只是匹夫之勇或意氣用事。而只有知識和見識，那麼只能紙上談兵或望梅止渴。有了知識和見識的勇氣才是膽識，做一個有膽有識的人，不但要積累知識、增長見識，更要有必勝的勇氣和決心，有敢於挑戰的膽量。

8．認真工作是做人的基石

人生是短暫的，所以快樂地度過生命中的每一天，就顯得尤為重要了。那麼，怎樣才能獲得快樂呢？

有人認為，如果能擁有很多的財富就會很快樂。可是假設你真的中了樂透，得到了一大筆錢，足夠你玩樂一輩子。這時你就會獲得真正的幸福嗎？當我們每天無所事事，不做工作，而只去吃喝玩樂，試想這樣的生活一直持續，你不會感覺無聊嗎？長此以往，你與家庭、朋友的關係也會惡化，因為你已經找不到人生和工作的意義了。

稻盛和夫視工作的喜悅為世界上最大的喜悅。他曾經說：「為了使事業成功、人生充實，『勤勉』是不可或缺的。勤勉就是指拼命工作，認真、努力、專心致志地工作。通過這樣的勤勉，人類就可以獲得豐富的精神和厚重的人格。」

有這樣一群年輕人向蘇格拉底請教：「快樂到底在哪裡？」蘇格拉底說：

「你們還是先幫我造一隻船吧。」於是這群年輕人把尋找快樂的事情先放在了一邊，花了很多努力和心思，用了七七四十九天造成了一條獨木船。

這群年輕人把蘇格拉底請上船，他們一邊合力蕩槳，一邊齊聲放歌。這時蘇格拉底問：「孩子們，你們快樂嗎？」他們齊聲回答：「快樂極了！」

美國一位作家曾經說過，幸福就像一隻蝴蝶，當你追逐它的時候，它會遠離你；但是當你靜靜地坐下來時，它便會悄悄地落在你的肩上。快樂是什麼？快樂其實就像一片田地，當我們用自己辛勤的勞動去耕耘時，它才會結出累累碩果。

當我們四處尋找快樂的時候，卻沒有領悟真正的快樂就在身邊簡單的工作中。在勞動中，我們可以安下心來齊心協力，努力研究，辛勤勞作。因為工作中足夠的聚精會神，以至於許多煩惱都擱置和淡忘了。最終，我們從勞動中獲得了最大的喜悅。

在稻盛看來，工作佔據我們大部分的生活，專心致志地工作所帶來的成就感，這種喜悅是特別的，絕對不是任何其他事物可以代替的。認真、努力地工作，克服痛苦和辛苦後取得成功時的成就感，才是人世間無可替代的喜悅。

稻盛指出，能真正帶來喜悅和快樂的是勞動。他說——

「關於磨煉心志、提升人格，前面我談了若干方法。而要成就事業，要充實人生，「勤奮」必不可少。就是要拼命努力，全身心投入工作。通過勤奮工作，人們可以提升自己的精神境界，獲得厚重的人格。

「我認為發自內心的歡喜和快樂，存在於工作之中。我這麼說，肯定有人反對：工作工作，只講工作難道不乏味嗎？人生需要興趣和娛樂。」

人類活動中，勞動帶來至高無上的喜悅，工作佔據人生最大的比重。如果不能在勞動中、在工作中獲得充實感，那麼，即使在別的方面找到快樂，最終我們仍然會感覺空虛和缺憾。

第二章

人生的意義＝由自己提升自己的價值

1．上升氣流是由熱情的火焰捲起的

「欲成大事業，一開始就要抱著不管如何皆要達成的熱情。熱情一旦燃起，就必須描繪出『再怎麼辛苦也要開這樣的公司』的夢想。藉由陶醉於這種夢想之中，我想，熱情就會逐漸變成激情。」

這是創立了被稱作京都的ＳＯＮＹ，業務上飛黃騰達的京窯業，領袖魅力十足的稻盛和夫所做的述懷感言。

也以第二電電的催生者著稱，屢屢創下輝煌業績的稻盛這番凜然之言的真正價值是在他處於慘澹年代時所掌握的生存原則。

稻盛一開始有志於從醫而申請到醫學院就讀。但考試不合格。

無奈之餘，只得進入當地的鹿兒島大學。

之後的就業也不順利，沒有辦法進入他所希望的大企業。

不得已，只好到京都的絕緣器工廠（松風工業）就職。偏偏公司營運不佳，薪水屢次延遲發放。

同期進入公司的同事紛紛離職。稻盛無法下定決心，拖拖拉拉地就留了下來。終於下定決心辭去工作，自衛隊幹部候補生學校的考試也通過了。不料，入校的必要資料準備得不齊全，結果他又留在公司。

對稻盛的人生來說，這是一個轉捩點。他會自暴自棄嗎？還是成為安於現狀，行事馬虎的人？或者毅然轉業，做另一次挑戰？

稻盛沒有選擇其中的任何一條路，他開始在公司用心工作。不管如何，世間事不可能事事如意。既是如此，與其抱著不滿，整天唉聲嘆氣，不如擁抱工作，忘掉懷才不遇的現況，努力讓明天更好。

很不可思議地，本來覺得無趣的工作，竟因投入其中而變得有趣了。

一九五九年，稻盛和幾個同伴成立京都窯業株式會社（其後的京窯）。使高超的技術能力結果，並未花太多時間。不久，藉著接受IBM積體電路的大量訂購，開始走上成功之路。

所謂「不管如何」的熱情，終於捲起了上升氣流。

2・人生只能擁有「活在當下」這一刻

所有的一切都發生於當下，過好每一天，才能找到真正的力量，發現通往幸福之路的入口，不會把握當下的人，即使有多宏偉的目標也只是夸夸其談，如沙漠中的海市蜃樓，無法企及。

稻盛和夫告訴我們，做好眼前的事，才能創造出最有希望的生活和最有價值的人生，持續過好內容充實的「今天」這一天——這個觀點在京瓷的經營中無時無刻都會體現出來。

稻盛的京瓷公司創建至今，從來不作中長期經營計畫。新聞記者們採訪他的時候，經常提出想聽一聽他們的中長期經營計畫。而當他回答「我們從不設立長期的經營計畫」時，他們便覺得不可思議，而露由疑惑的神情。

稻盛對此做出了解釋：因為說自己能夠預見到久遠的將來，這種話基本上都會以「謊言」的結局而告終。他認為「多少年後銷售額要達到多少，人員增加到多少，設備投資如何如何」這一類藍圖，不管你怎樣著力地描繪，但事實上，超出預想的環境變化、意料之外事態的發生，都不可避免地會出現。這時就不得不改變計畫，或將計畫數字向下調整。有時甚至要無奈地放棄整個計畫。這樣的計畫變更如果頻繁發生，不管你建立什麼計畫，員工們都會認為，「反正計畫中途就得變更」，他們就會輕視計畫，不把它當回事。結果就會降低員工的士氣和工作熱情。

同時，目標越是遠大，為達此目的，就越需要持續付出不尋常的努力。但是，人們努力，再努力，如果仍然離終點很遠很遠，他們就難免洩氣。「目標雖然沒達成，能這樣也就可以了，差不多就算了吧！」人們常常就在中途洩氣了。從心理學的角度看，如果達到目標的過程太長，也就是說，設置的目標過於遠大，往往在中途就會遭遇挫折。與其中途就要作廢，不如一開始就不要建立。

自京瓷創業以來，稻盛和夫只用心於建立一年的年度經營計畫。三年、五年之後的事情，誰也無法準確預測，但是這一年的情況，他都能應該大致能看清，不至於太離譜。只要做好這一年的年度經營計畫中每個月、每個禮拜、每一天的工作，成功也就離你不遠了。

在稻盛的經驗中，做年度計畫，就要細化成每個月，甚至每一天的具體目標，然後千方百計努力達成，活在當下這一刻，過好這一刻，無論對我們的事業還是日常生活都有很重要的意義。

清晨，當我們睜開眼睛時，深吸一口新鮮空氣，抱著這樣一個心態：今天一天努力幹吧，以今天一天的勤奮就一定能看清明天。這個月努力幹吧，以這一個月的勤奮就一定能看清下個月。今年一年努力幹吧，以今年一年的勤奮就一定能看清明年。

就這樣，每天在「全力以赴，活在當下這一刻」的自我暗示和勉勵下，一瞬間都會過得非常充實，就像跨過一座一座小山。小小的成就連綿不斷地積累、無限地持續，這樣，乍看宏大高遠的目標就一定有一天能實現！

「全力以赴，活在當下這一刻」在稻盛的人生理念中，就是最確實的取勝之道。

生活中，我們無休止地追求金錢、地位、名譽，樂此不疲。此外，盼望出人頭地，也是人生的動力之一，這當然不應一律加以否定。但是在我們拼命追逐這些東西的時候，也時常會向自己提出這樣的疑問：

「人類活著的意義、人生的目的到底是什麼？」

對於這個最根本的疑問，稻盛做出了直接回答，那就是提高心智，修煉靈魂。他認為，人生是為心的修行而設立的道場。人生的目的就是在災難和幸運的考驗中磨煉自己的心志、磨煉靈魂，造就一顆美麗的心靈。他認為人之所以來到這個世上，是為了比出生時更為進步，或者說是為了帶著更美一點、更崇高一點的靈魂死去。

人生在世苦難多，正是這樣的苦難，才是對修煉靈魂的一種考驗，也是鍛煉自我人性的絕對機會。所謂今生，是一個為了提高身心修養而得到的期限，是為了修煉靈魂而得到的場所。在稻盛和夫的人生經歷中，除了取得事業上的巨大成功，他一直踐行著「提高身心修養，磨煉靈魂」。

稻盛和夫在42年的商業人生中，締造了京瓷和第二電電兩個世界五百強公司。稻盛留給世界的財富，是在追求全體員工物質和精神兩方面幸福的同時，要為人類社會的進步和發展做出貢獻。

京瓷盡量讓員工持有股份，這是因為稻盛不單單把員工當作勞動者，而是把他們

視為同志和合作夥伴。

一九八四年，他把自己十七億日元的股份贈予1.2萬名員工。稻盛的做法十分罕見。與「美國夢」大相徑庭，他的想法和做法，純粹是一個「日本夢」，讓滿懷理想振興企業的人有了一個新的目標。

在一九八五年，稻盛和夫投入他所持京瓷公司的股票和現金等個人財產二百億日元成立稻盛和夫財團法人，創設了「京都獎」。每年在全球挑選出在尖端技術、基礎科學、思想藝術等各個領域取得優異成績、做出傑出貢獻的人士進行表彰，頌揚他們的功績。

一九九七年，65歲的稻盛和夫身患胃癌，匆忙手術的兩個月後，宣佈退居二線，只擔任名譽會長，並正式皈依佛門。自皈依佛門後，稻盛和夫將大部分時間用於慈善事業和到世界各地演講。

稻盛和夫有著「奉獻於社會、奉獻於人類的工作是一個人最崇高的行為」的個人信念，他不僅在事業上取得了巨大的成功，而且在這個過程中也磨煉了自己高尚的靈魂和崇高的人格，受到人們的尊敬。

3．「好壞交替」才是人生的真實面目

人生難免有挫折，我們總會抱怨人生事事都不如自己所願，有的時候，會感覺懷才不遇，施展不開；有的時候會感覺不受重視，所有的努力，做出的成果，不受肯定，無人欣賞。挫折，確實是人生中不可避免的，關鍵是我們如何對待這些困難。

在稻盛和夫看來，好壞交替才是完整的人生軌跡。人生的道路既佈滿了荊棘，同時也有快樂的時光，有讓我們感到幸福與成功的時刻，關鍵是保持正面的看法，用毫不動搖的決心、努力去面對人生中的失敗與成功。

前面說過，稻盛年輕的時候一直運氣不好，做什麼都不順利。但他相信上蒼一定會一視同仁，23歲以前，他遭遇許多不幸，後來，大學的竹下老師給他介紹了京都的「松風工業公司」——一家製造輸電用絕緣瓷瓶的企業。竹下先生說：「在那裡，我有熟人，已同意錄用你，你看怎樣？」他當即低頭表示感謝：「那就拜託您了。」心裡說不出的高興。

但是，瓷瓶以及陶瓷屬於無機化學的領域，和稻盛的專業有機化學不對口。這家公司需要研究陶瓷的畢業生，於是他就急忙找了一位無機化學的教授，以鹿兒島「人來」這個地方出產的一種優質黏土為對象，進行了半年的研究，作為研究成果，寫了篇畢業論文。

決定去就職的「松風工業」，是日本第一家製造耐高壓絕緣瓷瓶的企業，過去曾經風光一時。聽說是京都的「名門企業」，而且是製造瓷瓶的有實力的公司，他父母就放心了。

稻盛和夫帶著手頭僅有的一點錢，從鹿兒島來到京都，進入「松風工業公司」。但他很快發現這家公司的經營狀況非常嚴峻，等候發薪的一個月內，湊合著好歹熬過去了，但到發薪日，公司卻告之說：「發工資的錢還沒準備好，請大家再等一星期。」無奈等了一個星期，又說還要再等一個星期——公司的資金周轉十分困難。

帶著父母兄弟的鼓勵和期望，好不容易來到京都，稻盛和夫想不到自己職業生涯的開始竟如此寒酸慘淡，如此狼狽不堪！

稻盛的年輕時代，正如故事中所展現的那樣，可以說是挫折連連，真是幹什麼都不如意。但是後來回頭看，他意識到，這種種挫折乃是上蒼為提升自己而特意賜予的磨煉和考驗，人的能力正是在這種麻煉和考驗中才能無限伸展。

稻盛的經歷給我們的啟示是，即使是在最難熬的逆境中，也要永遠保持快樂的心情、積極的態度，並充滿熱誠。要擁有開闊的心胸、時時不忘實現自己的目標。不要因為接踵而來的挑戰，就朝負面的方向想，變得悲觀而憤世嫉俗，把所有的疑慮、負面的想法從心中根除，請牢記他的話：「好壞交替才是人生的真實面目。」

4．持有正面思維，就會擁有幸福人生

兩個人被關在同一間監獄裡，在一個晴朗的夜晚，他們同時向窗外望去。快樂的人抬起頭：啊，好美的星空，我出去後一定要好好享受這樣的美景；苦惱的人低下頭：怎麼又是黑漆漆的泥土！

不同的人在同樣的環境中對待同樣的事物，卻有著截然相反的想法，這是他們對待事物的態度和思維方式不同造成的差異。

思維方式對人們的言行有決定性的作用，正面思維有利於我們處理任何事情時都以積極、主動、樂觀的態度去思考和行動，促使事物朝有利於自己的方向轉化。它使人在逆境中更加堅強，在順境中脫穎而出，變不利為有利，從優秀到卓越。

稻盛和夫在「經營為什麼需要哲學」中提出：人生和事業的成功需要保持正確的思維方式，充滿熱情，提升能力，持有正面的思維方式顯得極其重要，因為有了正面的思維方式，才會有幸福的人生。

一切文明成果都是正面思維的結果，正面思維的本質就是發揮人的主觀能動性，挖掘潛力，體現人的創造性和價值，它幫助人們從認知上改變命運，每個人都應該學會用正面思維來管理自己。

稻盛向我們列舉了許多正面思維方式的表現，積極向上、具有建設性；善於與人合作，有協調性；性格開朗，對事物持肯定態度；充滿善意；能同情他人、寬厚待人；誠實、正直；謙虛謹慎；勤奮努力；不自私，戒貪欲；有感恩的心，懂得知足；

能克制自己的欲望，等等。

同時，稻盛又指出，人生很多的失敗，往往是因為「思維方式」變成了負值，而這類負面的「思維方式」如果不改正，不管你有多少財富，你都不可能有幸福的人生。要度過幸福的人生，要把工作做到最好、事業做到最大，就無論如何必須具備正確的、正面的「思維方式」。

思維的正與負是人生成與敗的分水嶺。有了正面思維，負面思維就沒有了立足之地。正面思維是負面思維的天敵，克制負面思維，用正面思維來置換負面思維，是事業成功和自我實現的唯一途徑。

正面思維是人生路上的一盞指航燈，在這個過程中秉持積極向上，具有建設性，善於與人合作，有協調性，性格開朗，對事物持肯定態度的思維，正面面對自己的工作，把工作做得更出色，正面面對自己的生活，把日子過得更充實。如果能做到這些，我們的人生無論是轟轟烈烈還是平平淡淡，一定會碩果累累，一定會幸福美滿。

稻盛認為，展現人生的價值，必須用高尚品格和美麗的心靈造就光彩的人生。力圖使自己活潑而不輕浮，嚴肅而不冷淡，自信而不驕傲，虛心而不盲從。成功時學會

深思，受挫折時保持鎮定，在追求人生價值中懷著一顆美麗的心，在奉獻中實現人生價值。只有這樣才能行進在人生的旅途上，經風不折，遇霜不敗，逢雨更嬌，歷雪更艷。正如稻盛所說：人的價值由人的心靈來決定，只要用美麗的心靈就能澆灌出一朵絢麗的人生之花。

5．只要心存善念，地獄也會變成天堂

在日常生活中，人們總是習慣於依據自己的得失、勝負而採取行動，就是說被利己心所左右，只為自己個人考慮。在稻盛和夫看來，以親切、同情、和善、慈悲之心去待人接物，至關重要，多做好事就能使命運朝著好的方向轉變，使自己的工作朝著好的方向轉變，做人做事首先考慮的不是自己利益而是他人利益，即使有時做出自我犧牲也要為他人盡力。因為這種行為，一定會給你帶來莫大的幸運。

一九五九年稻盛和夫創立的京瓷還是一個小企業，在歡迎新員工的典禮上，他引

用圓福寺的長老們曾經給他講述的一個故事，闡述了這種利他之心的重要性——

在某個寺院，一位在寺院修行的行腳僧向寺院的長老請教：「聽說在那個世界有地獄和天堂，地獄到底是什麼樣的地方呢？」長老回答說：「在那個世界確實既有地獄也有天堂。但是，兩者並沒有太大的差異，表面上是完全相同的兩個地方，唯一不同的是那兒的人們的心。」

長老看了看這個年輕的修行僧，語重心長地繼續講道：「地獄和天堂裡各有一個相同的鍋，鍋裡煮著鮮美的麵條。但是，吃麵條很辛苦，因為只能使用長度為一米的長筷子。住在地獄的人，大家爭先恐後想先吃，搶著把筷子放到鍋裡夾麵條。但筷子太長，麵條老是不能送到嘴裡去，最後只能搶奪他人夾的麵條，一幅你爭我奪的慘烈畫面就出現了，大家你爭我奪，麵條四處飛濺，誰也吃不到自己跟前的麵條了。美味可口的麵條就在眼前，然而每一個都因饑餓而衰。這就是地獄裡的情景。

「與此相反，在天堂，同樣的外部條件下情況卻大相徑庭：任何人一旦用自

己的長筷夾住麵條，就往鍋對面人的嘴裡送，『你先請』，讓對方先吃。這樣，吃過的人說『謝謝，下面輪到你吃了』作為感謝和回贈，幫對方取麵條。所以，天堂裡的所有人都能從容吃到麵條，同時心裡也感覺到一股暖意，每個人都心滿意足，出現的是一片和諧、融洽的光景。」

即使居住在相同的世界裡，對他人是否熱情、關心就決定那裡是天堂還是地獄，天堂和地獄的區別在於「善心」。這就是這個小故事想要告訴世人的道理。

在經營企業的過程中，稻盛努力實踐著「利他」這個基本原則，心存「奉獻於社會，奉獻於人類」的精神，懷著一顆善心對待人和事。心態不同，同樣的事情就會有截然不同的結果。在這種理念的指導下，稻盛締造了巨大成就，成為傳奇人物。

「為了讓人生更幸福，為了讓經營更出色，希望大家多行善事，多做對他人有益的事。」這是稻盛對我們的期許，就像這個故事中的天堂一樣，依善而行，我們就可以構築起一個極其美好的世界。

6．人生就是每一個「今天」的累積

人們常說：「成功，就是每天進步一點點。」然而實際情況是，我們會經常忽略這樣的積累過程：當下這一秒累積起來成為一天，而一天天下來會累積成一個星期、一個月、一年。驀然回首時，不知不覺已站在高不可攀、伸手也無法企及的山頂上。

稻盛和夫指出：持續就是力量，抓緊「今天」這一天，認真地過日子。假如每天都努力工作，並設法改善一些小情，或許就能預見明日的光景。一天天累積起來的就已非常可觀，5年、10年後的成就必然會輝煌。

下面這件稻盛和夫親歷的事，它充分說明了這個道理——

多年以前，在京瓷滋賀縣的工廠裡，有一個工人，他只有初中學歷，但做事認真，踏實。只要是上司佈置的工作，他日復一日，不厭其煩地認真完成。在工廠裡他毫不顯眼，一直默默無聞，但從無牢騷，也從無怨言，兢兢業業，孜孜不倦，努力地做好每天的工作，持續從事著單純而枯燥的工作。

二十年後，當稻盛和夫與這個工人再次見面時，令他大吃一驚，那麼默默無聞、只是踏踏實實從事單純枯燥工作的人，居然當上了事業部長。令稻盛驚奇的不僅是他的職位，而且言談中可以體會到，他已經是一個頗有人格魅力、且很有見識的優秀的領導。

「取得今天這樣的成就，你很棒！」稻盛由衷地讚賞他。

作為一名企業經營者，稻盛使用過各種各樣的人才，其中不乏「聰明伶俐」的人。這種人頭腦敏捷，對工作要點領會很快，是所謂「才華橫溢」的人物，同時，他的公司也招聘了一些「笨人」，他們反應遲鈍，理解事情緩慢，可取之處只是忠厚老實，起初稻盛和夫認為經營者看重、賞識的人才當然是前者而不是後者。如果企業不得已要辭退職工，首先遭殃的肯定是後者而不會是前者。」他曾認為，前者當中特別能幹的人，「將來在公司裡可以委以重任」。

現實情況恰恰相反，在多年的商路歷程中，他體會到，那些頭腦靈活、思維敏捷的人才，正因為他們聰明，成長很快，或許就會認為眼前的工作太平凡，待在公司裡大材小用了，於是不久就會辭職離去。所以，最終留在公司裡的、有用的，恰是那些最初不被看好，這些「頭腦遲鈍」的人們，他們做起事來不知疲倦，孜孜以求，刻苦耐勞，一心一意，認真努力的站在自己的崗位。

這些員工所以能成功，是因為他懂得持續的力量，能將「平凡」變為「非凡」，在每一天的積累的基礎上，逐步走上了成功之路。

所謂人生，歸根到底，就是「一瞬間、一瞬間持續的積累。」每一秒鐘的積累成為今天這一天；每一天的積累成為一周、一月、一年，乃至人的一生，細數那些成功人士的成功經歷，他們的「偉大的事業」也是「樸實、枯燥工作」的積累，他們創造出的讓人驚奇的偉業，實際上，所謂的「偉業」也幾乎都是極為普通的人兢兢業業、一步一步持續積累的結果。

因此，與其為明天而煩躁，時時刻刻計畫未來，不如把力量放在充實每一個今天，把握每一天，過好每一天，這才是讓夢想成真的最佳方法。

7．誠實才能打動人心

稻盛和夫是一個熱愛學習的人，他認為閱讀不只是為了得到樂趣，而是應該憑藉閱讀來提升、完善自己，該養成找好書、認真地從中汲取精華的習慣。稻盛總是在下班後騰出一定的時間來讀書，或是為客戶朗讀一段精彩的文字，即使是在夜半時分也沿襲著這一習慣。稻盛在臥室裡擺放著許多自己收藏的古典文學和哲學書籍，他甚至在洗澡時也讀書。每逢週末，他最大的愛好就是讀書。

他經常對身邊的人說，一個人不管有多忙，不管在何處，還是應該從有限的時間中擠出一點來讀一本好書，並因此有所領悟。當然，生命裡最寶貴的一課，還是從經驗中學習得來的。「紙上得來終覺淺，絕知此事要躬行。」但是，通過閱讀，可使這些經驗更有意義。此外，書本可以給予我們精神上的「激發」，告訴我們那些沒有機會親身經歷的體驗。

一個人無論取得了多大的成就，都應該以「受教者」的姿態看待自己，每個人學到的知識都是有限的，通過自身經驗和學習得來的他人經驗，可使我們建立起引領人生走向成功的精神架構。這是稻盛先生用行動告訴我們的道理。

在科學技術迅猛發展的資訊時代，知識更新越來越快。個人用十幾年所學習的知識，會很快過時。生活在這個時代的我們如果不再學習更新，馬上就進入所謂的「知識半衰期」。人才學上的「蓄電池理論」告訴我們，一塊高能電池的蓄電量是有限的。只有不斷地進行週期性充電，才能可持續地釋放能量。那種一次性「充電」即可受用終生的時代，已成為歷史。因此，對每一個人來說，學習是永遠沒有止境的。我們一定要堅持不斷地為自己「充電」。

人生是一座高峰，在我們一步一個腳印地往前攀登的過程中，在我們披荊斬棘，於困難中疲乏無力的時候，學習，就像一股清泉注入我們中，在之後的路上我們的腳步將會更加堅定。

稻盛在一次演講中曾說過一句發人深省的話：「你的存在，就是我之所以存在的原因。這麼想才能得到和諧與平和。」這是他對真誠的理解。

在美國南北戰爭期間，有位年輕人找到林肯，要求他開一張去南方的通行證。林肯說：「戰爭正在進行，你去南方幹什麼呢？」

年輕人說：「去探親。」

「那你一定是個北方派，你去勸說一下你的親友們，讓他們放下武器。」林肯高興地說。

那年輕人說：「不！我是個南方派，我要去鼓勵他們，要他們堅持到底。」

林肯很不高興：「年輕人你來找我幹什麼？你以為我能給你通行證嗎？」

年輕人沉著地說：「總統先生，我在學校讀書時，老師就給我們講過你的有關誠實的故事，從此，我便下定決心向你學習，一輩子不說謊。我不能為了一張通行證而改變自己說話做事都要誠實的習慣。」

林肯被年輕人真誠的話語打動了：「好吧，我給你開一張說著，在一張卡片上寫下了這樣一行字：「請讓這位年輕人通行，因為他是一位信得過的人。」

這位年輕人用他的真誠打動了林肯，人生的道路上會有許多波折，然而真誠最終總能穿過重重障礙，直到理想的彼岸，因為它首先穿過的，就是人們的心靈。

為人處世不僅需要一定的技巧，更要付出真誠，因為真誠是一把金鑰匙，能為你打開一扇扇成功之門。

李嘉誠曾經說過：「可以毫不誇張地說，個人企業就像一個大家庭，每一個員工都是家庭的一分子。就憑他們對整個家庭的巨大貢獻，他們也實在應該取其所得，所以說，是員工養活了整個公司，公司應該多謝他們才對……對我自己來說，股東相信我，我能為股東賺錢則是應該的。我一向這樣想：雖然老闆受到的壓力較大，但是做老闆所賺的，已經多過員工很多，所以我事事總不忘提醒自己，要多為員工考慮，讓他們得到應得的利益。」

在工作中，如果管理者能夠真心誠意對待員工，一定會激發下屬的無限潛能；反之，員工可能會給你製造一些麻煩。在實際工作中，管理者對待員工最重要的是真誠地關心下屬，要設身處地為他著想。

8．你是自己人生舞台的導演

這是一個發生在英國的真實故事——

有位孤獨的老人，沒有子女又體弱多病，他決定搬到養老院去。老人宣佈出售他豪華的別墅。購買者聞訊蜂擁而至。別墅底價8萬英鎊，但人們很快就將它炒到了10萬英鎊，而且價錢還在不斷攀升。

老人靜靜地坐在沙發上，滿目憂鬱。是的，要不是孤苦伶仃，疾病纏身，他是不會將這棟陪他度過大半生的住宅賣掉的。一個衣著樸素的青年人來到老人跟前，低聲說：「先生，我好想買這棟住宅，可我只有1萬英鎊。」「但是，它的底價就是8萬英鎊啊，」老人淡淡地說，「現在它已經升到10萬英鎊了。」青年並不沮喪，誠懇地說：「先生，如果你把住宅賣給我，我會讓你依舊生活在這裡。和我一起喝茶、讀報、散步，天天都快快樂樂的——相信我，我會用我的整顆心來時時關愛你。」老人面帶微笑聆聽著。突然，老人站起來，揮手示意人們安靜下來：「朋友們，這棟住宅的新主人已經產生了。」老人拍著身旁這位青年人的肩膀說道：「就是這個年輕人！」

青年令人不可思議地買下了別墅，成了別墅的主人。

與人交往若是離開了真誠，就沒有友誼可言，一個真誠的心聲，才能喚起一大群真誠人的共鳴。我們待人接物時應秉持真誠的品性。只有這樣，心靈才會美好，才會愉快地生活每一天。

一個人如果有了真誠，就會變得心靈善良，變得心胸寬闊，變得心底坦蕩；用真誠來對待一切，同時也會獲得真誠的收穫。

在擁擠的公共汽車上，經常可以聽到這樣的對話：「哎呀，真對不起！踩著您了！」「沒關係，沒關係！」被踩著了是常有的事，有時還挺疼，但這不要緊，因為有那句悅耳的「對不起」。也許這是一句很輕很輕的話語，可分量：卻是沉甸甸的，你會感到對方發自內心的真正歉意和誠摯的問候，心裡僅存的怨氣便宛如雲煙散去。

有人說，人與人之間的真誠好說難覓，其實只要你用心，真誠也不難尋找：忙碌中送上一杯清水，遇見時主動一個微笑便可換來另一杯清水和另一個真誠的笑容；真誠也在和朋友們相處的日子裡，一個眼神、一分微笑，甚至是一張小小的字條，都可以讓人無比欣喜，因為那裡面包含了太多的坦誠與希望。

正如那句名言所說「如果你心靈不美，你就看不見美好的事物。」如果你不主動付出真誠，又如何能期待著他人真誠地向你付出呢？

「每一天都極度認真」——這句話非常簡單，卻是人生最重要的原理原則。

拿劍術作例，即使在道場練習也不用竹劍而用真劍。拿射箭來說，就要把弓弦拉成滿月形狀，不見絲毫鬆弛，在神經高度緊繃中放箭。在每天的生活和工作中，每個時刻都全力以赴、拼命奮鬥，我們就可以在人生的舞臺上展示自己心中描繪的夢想。

人生是一齣戲，我們每個人都是戲裡的主角。不僅如此，而且這戲劇的導演、編劇、主演都可由自己單肩獨挑。其實這齣戲也只能自編自演，這就是我們的人生。

因此，這齣戲怎麼編，每個人傾其一生，編寫怎樣的劇目，又如何領銜主演，這才是人生的頭等大事。

欠缺認真和激情，度過一個懶散消極的人生，這未免太可惜了。

始終保持火一般的熱情，不論什麼時候，什麼場合，什麼事情，一概以「極度」認真的態度面對，這樣日積月累就能創造我們人生的價值，就能將自己的人生之戲演繹得精彩紛紜。

缺少認真和熱情，不管你擁有多麼過人的才智，不管你希望擁有多麼正確的思維方式，你的人生仍將難見碩果，想要構思情節精彩、佈局縝密的劇本，想把劇目大綱變為現實，最需要的就是「極度」的認真。

無論何事都認真面對，正面迎擊——有時這等於把自己逼入背水一戰的境地。就是說，遭遇困難時決不逃避，抱一股憨氣傻勁正面迎擊。

這確實很難，但你直面的問題非解決不可，這時候，你是躲避困難，逃之夭夭；還是與困難正面對峙，正面交鋒。這是能否做成大事的關鍵所在。

「無論如何一定要成功」這種迫切的心情——再加上如實審視事物的謙虛態度——那麼，你就能抓住平日忽略的極為細微的線索，讓你將難題一舉解開。

稻盛把這稱為「神靈輕聲的提示」。因為他感覺到，好像大家拼命努力、苦苦摸索的樣子，讓神靈動了惻隱之心：「既然你如此拼死努力，我就幫幫你吧。」因此，稻盛經常激勵員工：「要努力到神靈出手相助的地步。」

與困難正面對峙，把自己逼進極限，這樣的精神狀態就能擊破「認為不可能」的成見，催生獨創性的成果。這樣不斷積累，就能在人生劇本中注入生命，並讓它在現實中展現出來。

第三章

人生的成長＝挫折與苦難、幸與不幸都是一種機會

1．危機是一把金斧，若能躲開一擊，它將成為至寶

佐伯勇是使一個小小的地方私人鐵道——近畿日本鐵道——成為日本最長之鐵路的大型私鐵中興之祖。歸結他的人生，就是：每每在陷入窘境時，賺到很大的財富。

第一個窘境是在一九五九年，日本中部地方因為伊勢灣颱風來襲，造成前所未有的大災害。近鐵名古屋線在當時欲恢復原狀，據說要花費二十億圓。這當然使得經營者相當頭痛，承受很大的壓力：這樣的天然災害造成巨額損失是免不了的。

身為總經理的佐伯卻把這次的危機看成千載難逢的大好契機，剛好可以把先前的案子藉此一併解決。

當時近鐵在名古屋至大阪間的名古屋線（名古屋到中川）、大阪線（中川到大阪），軌道寬度不同。因此，雖然擁有名阪間這條運輸大動脈，卻無法讓列車直通。佐伯便藉著此次危機，將全線統一為寬軌。如果不是這次的災害造成鐵路柔腸寸斷，就不可能有統一的機會。這就是佐伯的「危機脫出法」。

從此，這條線的載客量急速成長。到了一九六三年，往來名古屋、大阪間的旅客使用近鐵的比例高達百分之七十。

第二個窘境發生於一九六四年新幹線通車之際。名阪綫（名古屋、大阪）的車程自此縮短為一個小時左右。次年，近鐵名阪綫的載客率比前年減少了百分之三十。這真是一個殘酷的數字。

可是，佐伯又使它成為一個好時機。

「和新幹線在名阪之間競爭，勝算不高。不過，看法若能改變，體會到從首都圈到名古屋只要兩個小時，從而將首都圈的旅客吸引過來就好了。」

近鐵因而開發出伊勢志摩、京都、奈良等近畿數個觀光地點的路線。隨著新幹線的通車，使得從首都圈來到這兒的客人增加，近鐵便藉此將旅客送到觀光地。如此一來，不但彌補了名阪間減少的收入，甚而有所增加。

這個戰略使得近鐵在接續新幹線的路線上擴充了許多複合式的特快列車，同時更在東京圈進行積極的廣告宣傳。

不久之後，近鐵的業績就超越了新幹線通車之前的數字。

世事難遂人願——對於人生中發生的各種事情，我們無意中就會產生這種看法。然而，正因為我們有「事不遂願就是人生」的想法，才導致了「事不遂願」的結果。因此，不如意的人生，就產生於你自己消極的想法。

一個人的人生就是他思維的產物，許多成功哲學都這麼強調。從我自己的人生經驗出發，我把「心不喚物，物不至」作為自己堅定的信念。就是說，只有自己內心渴望的事情，才能將它呼喚到可能實現的射程之內。首先要明白「心不想，事不成」。

換句話說，一個人心中描繪的事情或心中的願望，會如願地在其人生中出現。因此要想做成事情，首先要思考「要這樣、必須這樣」，這種願望比誰都強烈，熱情達到燃燒的程度，這比什麼都重要。

稻盛第一次切身感受這個道理是在第一次聽松下幸之助先生的講演。當時的松下先生還沒有像後來那樣被神化，稻盛也剛開始創業，還是一名默默無聞的中小企業的經營者。

當時松下先生談到了著名的「水庫式經營」。未建水庫的河流，遭逢大雨，就會引發洪澇，而連日乾旱，河水就會枯竭。因此要建水庫蓄水，使水量保持在一定範圍之內，免受天氣和環境的影響。企業經營也一樣，景氣時要為蕭條期做好儲備，經營應該留有餘裕。

聽松下先生這麼講，擠著幾百名中小企業家的會場裡，不滿的聲音如波紋般傳開。稻盛坐在後面，明白這些牢騷的內容。

「說什麼呢？正因為沒有餘裕，所以大家才每天揮汗如雨、惡戰苦鬥，如果有餘裕，誰願意如此辛苦呢？我們想聽的是怎樣才能建水庫，而你現在只是強調建水庫的重要性，有什麼用呢？」

在交頭接耳的埋怨聲中講演結束，開始答疑，一位男士站起來，表達了這種不滿：「如能實現水庫式經營，當然很理想，但現實是做不到。怎樣才能做到，如果不教我們具體的方法，說這些有什麼用呢？」

聽到這個問題，松下先生溫和的臉上露出一絲苦笑，沉默片刻，他便自言自語道：「那方法我也不知道，儘管不知道，但必須要建水庫，你必須得這麼想。」聽松下如此回答，全場一片譁然。幾乎所有人都認為松下先生答非所問，因而感到失望。

然而，稻盛卻既沒有失笑更沒有失望，不僅如此，稻盛受到了莫大的衝擊，猶如

電流通過全身。他一時竟有些茫然失色，因為稻盛感覺到，松下先生的話對他而言，是極為重要的真理。

2．挫折和苦難都是成長的養分

每個人當然都會希望自己的生活裡充滿鮮花和掌聲。稻盛和夫說：無論是挫折還是成功對於我們而言都是考驗和磨煉自己的機會，神靈給予我們災難或幸運，應該把這些作為精神食糧，直面考驗，走好此後的人生。學會直面考驗，稻盛和夫以他的親身經歷向我們闡明了這一道理，這是發生在他故鄉的一件事。

當時在稻盛和夫的故鄉鹿兒島舉辦小學同學會。「希望稻盛和夫出席，你來了，同學們就會過得很愉快。」這麼一說，他就參加了。在同學會上稻盛得知，有人經營小店，有人從工薪族退休，同學們有各種各樣的經歷。稻盛在一般人眼裡算是一個成功者，小時一起玩樂的夥伴們同他見面很高興，因此聚會來了許多人。久別重逢，大家興高采烈，七嘴八舌。小學時曾當班長的同學對稻盛說了一番話。當年小學時的班長考上了稻盛沒考上的鹿兒島一中，當班長穿著一中的校服上學時，曾經同稻盛擦身而過，當時稻盛竟然狠狠地瞪了他一眼。

「稻盛和夫用十分不高興的目光瞪著我，那種目光至今難忘。」他這麼說。雖然稻盛已經沒有記憶，但他相信班長說的是事實。因為當時的他非常沮喪，他想的是：「初中沒考上，自己究竟為何如此倒楣，為什麼自己會遭此厄運？」所以，對頭腦聰明、能考上好學校的班長，一定抱有羨慕和妒忌的情緒。

班長考上鹿兒島一中後不久，房子遭空襲被燒毀。從此他就墮落了，一蹶不振。當時戰爭孤兒很多，街上有許多遊手好閒的人，班長入了他們的組織，幹了不少壞事，此後的人生很不順利。

「這樣下去可不行！」意識到這點後，班長才又重新開始學習，一直到今天。

從這件事我們可以懂得，年輕時碰到好事也絕不能驕傲，遭遇災難和重大挫折也不可消沉，應該把這些作為精神食糧，走好此後的人生。

稻盛的小學班長一開始就拼命地努力，因而獲得成功。然而當遇到困難的時候，卻不知道如何面對，剎那間成功就會變為失敗，從此走向沒落的人生。

在成長的路上不管失敗也好成功也好，都是對我們的一種磨煉和考驗，重要的是如何應對。要從正面接受考驗，將它們作為動力，持續不懈地努力，在這過程中塑造自己的人格。在這個世界上，有陽光，就必定有烏雲；有晴天，就必定有風雨。從烏雲中解脫出來的陽光比從前更加燦爛，經歷過風雨的天空才能綻放出美麗的彩虹，當跨過這些坎之後，迎接我們的將是幸福的人生！

成功對每個人來說都是一件幸運的事，但不是每一個人都能獲得成功，成功不是路邊的小石子，隨處可撿，也不是田間的小草，隨意可覓。要成功，有一段漫長的路要走，在這期間是要經過許多挫折的。

對待挫折，法國大作家巴爾扎克說：「挫折是能人的無價之寶，弱者的無底之淵。」強者在挫折面前會愈挫愈勇，而弱者面對挫折會頹然不前。對於逆境，稻盛和夫也給出了自己的看法，逆境是重新審視自身再次起步的最佳時機。

稻盛指出，成功的路上，有許多事先無法預料的挫折排列著，最後的成功是在用堅毅的精神、伶俐的眼光，從挫折中汲取營養，從失敗中吸取教訓，從而不斷進步。挫折可以戰勝，挫折孕育著成功，而前提是具有堅定的信念和勇往直前的精神。當具備了這些條件之後，挫折就會被你踩在腳下，明天就是撥開浮雲見麗日之時。

3．幸與不幸，都是試煉心志的生命力

在眾多買樂透的人當中，你中了頭獎，這叫幸運；在滿大街的行人中，有人碰到了車禍，這叫不幸。人生中的幸與不幸都不是我們能夠預料到的。然而，這種偶然又是必然的，既然是必然的那麼就不要謝天謝地，也不必怨天恨地的了，它都是你應該得到的。

既然幸與不幸都是你生活中所擁有的，無論遇到幸與不幸，都不要過分地興奮或懊惱，如果你的生活是幸運的，那就再接再厲，將這份幸運最大化；如果你的生活中

遇到不幸，也不要灰心懊惱，只要不放棄，努力不懈地活下去，幸運之神也會向你伸出雙手。

稻盛和夫曾在演講中指出，人生有無限種可能，很多時候幸與不幸是難以避免的。不論你是遇到幸運的事還是不幸的事，最重要的是努力不懈地活下去，總有一天生活會有轉機。

人生中的幸與不幸並不是我們可以掌握的。如果沒有雙臂，你會做什麼？如果失去了一條腿，你還能走多遠？如果你只有一隻眼睛，你的世界又會怎樣？

幸運也好不幸也罷，只要努力地生活，生活就會變得輕鬆自如。不去想天堂的幸福或地獄的不幸，以一顆平常心努力地生活在當下生活在人間。而這世上，沒有邁不過去的坎。

一個海難的倖存者漂流到一個荒無人煙的小島。他不停地祈禱，希望有船來搭救他，可是兩天過去了，連船的影子都沒看見。

不得已，他好不容易在島上建了一個簡易的窩棚安身，早晨到島上的樹林裡找食物充饑。一天中午，正當他用衣服兜著一大兜的果子回來時，卻發現他的窩棚起火了，濃煙滾滾。他的心血全被那熊熊的火焰吞沒了。

這個可憐的人，不禁仰天長歎：「老天啊，你為什麼要這樣對我？」

他沮喪地坐在海邊的沙灘上，一直到黃昏。在夕陽的餘暉下，一艘輪船的輪廓越來越清晰。這個人獲救了，因為那艘船上的人看到了島上升起的濃煙，並把它當成了求救信號。

人的一生會遇到很多次的偶然，有的給你帶來不幸，有的給你帶來好運。不幸也好，好運也罷，我們都要坦然處之，「不以物喜，不以己悲」，並努力地生活，才是人生的最高境界。

幸與不幸如影隨形，陪伴在每一個人的左右。幸或不幸，是一種帶有極強個人色彩的主觀感覺，人們只能依據各自不同的人生觀、價值觀及思維模式來思考並判斷。眼睛總是盯著幸運那一側，幸運就會被強化，久而久之便會感覺自己處在幸福的簇擁之中；眼睛總是盯著不幸那一側，不幸則會被放大，久而久之便會感覺自己身陷於不

幸的泥淖之中。

一位學者曾告訴人們：「想最幸福的事就是最幸福的人。」認為自己幸福的人是最幸福的，認為自己不幸的人是最不幸的。世上有很多事非人力所能左右，很多過程不可逆。改變不了環境可以改變自己，改變不了事實可以改變態度，改變不了過去可以努力於現在。生活像鏡子，我們對它微笑，它也會對我們微笑；只有微笑地面對，才會有微笑的人生。

4．苦難都是化了妝的祝福

有人說：每個人都是被上天咬了一口的蘋果（意即，沒有人是完整的），如果說你的苦難總是很多，那是因為上天特別喜愛你的芬芳。

沒有苦難的人生是不完整的人生。上天永遠都是按照自己的意志來擺佈人類的生活，我們就是要用自己手中所擁有的去博取上天手中所擁有的。它讓你處在特定的環境，是為了萃取精華，最後熔煉成金。

稻盛和夫就曾經說過，人生在世往往苦大於樂。但是，如果把苦難看作考驗，看作磨煉「靈魂」的機會。那麼就應當認識到，所有這些都是上天為了塑造我們的靈魂、磨煉我們的心智而賦予我們的機會。

正如一位名人所說：「人剛出生時就像原石，只有經過日後的磨煉，才能成為像光彩四射的寶石。」要想具有優秀的人格，人應該怎樣磨煉自己呢？在明治維新時期發揮了關鍵作用的西鄉隆盛可以成為很好的榜樣。

西鄉隆盛是稻盛和夫非常喜愛的歷史人物。他是日本明治維新的元勳，是一位充滿傳奇色彩的人物，稻盛從小就敬仰他，愛戴他，把他看作心目中的大英雄。稻盛創立京瓷不久，就把西鄉隆盛的格言「敬天愛人」奉作社訓，掛在辦公室裡。

西鄉隆盛小時候的綽號叫「草包」，是一個毫不起眼的孩子。但是，後來他成為人們所尊敬的、人格高尚的人物，成就了明治維新這一歷史的偉業。西鄉隆盛在人生中經歷過各種各樣嚴酷的考驗。

在明治維新發生之前，因為不忍眼見同志孤身遇害，他毅然與一位摯友一同赴

死，跳入鹿兒島附近的海裡，結果西鄉隆盛被救生還——摯友死亡，西鄉痛苦萬分。後來他又遭遇兩次被流放。特別是第二次，他被流放到離鹿兒島很遠的沖永良部島，被關進不擋風雨的狹小牢房，過著非人的悲慘生活。

然而，就在這嚴酷的考驗中之中，西鄉鑽研古典著作，為提升自己而不懈努力。西鄉忍受苦難，而且把這種苦難看成促使自己成長的動力，專心致志，努力磨煉自己的人格。後來當被允許離島時，西鄉已經成長為具備出色人格、敏銳判斷力和卓越遠見的人物。眾望所歸，西鄉隆盛成了明治維新的核心人物。

在這段故事中，西鄉隆盛教給我們一個非常重要的道理，就是在人生遭遇「考驗」的時候，我們該如何行動？在遭受苦難時，是選擇屈服於苦難，怨恨世人呢，還是像西鄉隆盛一樣，不屈不撓，堅持努力，忍受並克服苦難呢？人能否成長，這裡就是分水嶺。正面面對苦難，不懈努力，把苦難當作淬煉自己品格的最佳機會。就這樣，伴隨人生的多種考驗，人才會茁壯成長。

人只有經過了苦難，才會認識到現在的生活來之不易，也才能更加珍惜現有的生活，才能更加發奮努力地學習，只有在心裡深處充分認識到問題的核心所在，才能更好地改正缺點。

苦難是人生的必需內容，它為我們提供了一個磨煉自我的機會。因為人的心性，往往由挫折和苦難得到更大的淬煉和提高。

苦難是磨煉自我的一個道場，經歷苦難，我們會驚奇地發現，苦難是一朵含苞待放的花朵，它會催生我們體內的能量，讓我們逆風綻放。到那時，我們會由衷地感謝上天，感謝它以一種獨有的方式逼我們快速長大，讓我們在同樣的生命長度上比別人多幾分堅強，幾分沉穩，幾分忍耐，幾分思考，讓我們學會以理智的態度去分析問題，解決問題，從而不斷成長。

有這樣一句話：苦難都是化了妝的祝福。的確，苦難確實會使我們感到痛苦，甚至陷入絕望，但是它比普通的祝福來得更加意味深長，讓人品味。洗盡妝容，雖然我們有過苦難，可是我們依然勇敢地面對，只要眼睛沒有失去光澤，心靈就永遠不會荒蕪，走過苦難，我們會收獲一份美好和平和。

5．不能浪費一去不復返的人生

人生如一條緩緩流動的河流，一去不復返，擁有的時候不懂珍惜，一旦失去才知珍貴，到那時，當生活再也找不到停靠的碼頭，只好帶著遺憾於懷念之中，無言地漂泊著。

人生歲月的流逝，我們誰也無法抗拒。只是當時光匆匆走過，回來再看看，來到這個世界的我們，得到了些什麼？是至真的愛情還是至純的友誼？是彷彿遺憾還是明瞭醒悟？

人應該如何度過僅有的一生呢？對此稻盛和夫給了我們最誠懇的建議：生命只有一次，萬萬不可浪費，要「竭盡全力」、真摯、認真地繼續這種看似樸質的生活，平凡的人也會不平凡。

正是因為他懂得珍惜一去不復返的人生，把生命的價值最大化，才成就了今天的稻盛和夫。

有一對兄弟，他們的家住在80層樓上。有一次他們外出旅行，回家時發現大樓停電了。他們只好背著大包的行李開始爬樓梯，爬到20樓的時候他們有些累了，哥哥說：「包太重了，不如這樣吧，我們把包放在這裡，等來電後坐電梯來拿。」弟弟覺得這個提議不錯。於是，他們把行李放在了20樓，繼續往上爬。

他們說笑著繼續往上爬，可是好景不長，到了40樓，兩個人累得實在不行了。想到還只爬了一半，兄弟二人開始互相抱怨，指責對方不留意大樓的停電公告，才會落得如此下場。他們邊吵邊爬，就這樣一路爬到了60樓。到了60樓，他們累得連吵架的力氣也沒有了。弟弟對哥哥說：「我們不要吵了，爬完它吧。」於是他們默默地繼續爬樓，終於——80樓到了！兄弟倆興奮地來到家門口，卻發現他們的鑰匙留在了20樓的行李包裡……

其實這個故事也是我們許多人一生的反映：20歲之前，我們帶著親友的期望，背負著很多的壓力、包袱，自己也不夠成熟、能力不足，因此步履難免不穩。20歲之後，離開了眾人的壓力，卸下了包袱，終於可以全力以赴地追求自己的夢想。可是到

了40歲，發現青春已逝，不免產生許多的遺憾和追悔，於是開始遺憾這個、惋惜那個、抱怨這個……就這樣在抱怨中又度過了20年。到了60歲，發現人生已所剩不多，於是告訴自己不要再抱怨了，就珍惜剩下的日子了，然後默默地走完了自己的餘年。到了生命的盡頭，才想起自己好像有什麼事情沒有完成……原來，我們所有的夢想都留在了20歲的青春歲月，一個來不及完成的人生之夢。

人生就是如此。許多人不懂得珍惜，在忙忙碌碌漫無目的地生活著，到老年時才後悔莫及，於是開始深深地自責，然後在自責中遺憾走完了自己的一生。

沒有人希望自己在人生走到盡頭時，才攥緊拳頭想要拼命抓住未來得及擁有的東西。珍惜生命，不要等到40歲後才追悔莫及，60歲去遺憾抱怨。就從今日起，好好工作，兢兢業業幹好本職工作，努力生活，使得自己的生活更有色彩，人生更具意義。

人生的道路漫長而又坎坷，一路走來，會有許多的牽絆、許多的不捨，也許會讓我們惶恐、憂慮、不堪重負。當我們學會讓自己面對，有滿心的執著和努力，把困難帶來的精神壓力化成一首淡淡的曲子。那我們就會發現，只要學會珍惜人生，順境也好，逆境也罷，無論什麼對我們而言都會是一種收穫，哪怕是一種失落一種傷害……

輾轉於人生的道路上，總會有著諸多的坎坷與迷失。美好的總是簡單的，簡單的卻不一定是美好的。人生亦如此，一路坦途不一定就是美好絢爛的人生，或許正是那幾番的痛苦和磨礪，才鑄就了生命中的光輝。

6．做人要低調、利他、學會奉獻

一個人生活在社會的大家庭當中，總要與人相處，與外界發生著各種聯繫。學會與他人和諧共處，建立融洽的人際關係，是幸福與成功的必要條件，在這個過程中，最重要的是豁達大度，要善於容納與自己志趣、愛好和風格不同的人。

法國大文學家雨果曾經說過：「世界上最寬闊的是海洋，比海洋更寬闊的是天空，比天空更寬闊的是人的胸懷。」

一個人，如果真的擁有了比天空和海洋還寬廣的胸懷，那他遇到什麼矛盾和難題，都會想得通，都會正確地處理，這種寬宏大度是一種美德，是一種風度，是一種

仁愛的無私境界。

心胸開闊，才能察覺出生命的幸福與美好，人生之路要以寬待人，成功之路更是要以寬廣的心來對待。這是稻盛和夫想要告訴我們的一條處世哲學。

在事業上，一個優秀的領導者用人需要雅量，用人的時候，不是看誰跟你有過節，誰跟你關係最好，而是看誰最有能力，誰才是你最需要的人才。無論一個人還是一個集體，要成就大事業，創造驕人的成績，必須有高山的氣度、大海的胸懷，勇於吸收好的東西，使之為我所用。山銳則不高，水狹則不深。心胸狹隘，是難有大作為的。

稻盛和夫認為，用開闊的心胸容人容事，是一種精神、一種品質、一種境界，它使人們具備一個比海洋、比天空更為　廣的內心世界。擁有開闊心胸，能容納萬事和萬物，能化解衝突和誤會，能平衡喜怒和哀樂，能經受勝利和挫折，能善待艱難和幸運，能戰勝狹隘和固執，能超脫世俗和誘惑，能丟棄煩惱和失落，能保持清醒和愉快，能擁有朋友和交流。

寬廣的胸懷能包容大千世界，使千差萬別迥然不同的人和諧地融為一個整體，能化解矛盾的芥蒂，消除猜疑、嫉妒和憎恨，做一個心胸寬廣的人。當人類從「小我」中走出來，精神昇華淨化了，就會心態平衡，不會再小肚雞腸，不再為煩惱所困，在這個和諧美好的世界裡你將會嗅到幸福的芳香。

很多時候，我們變得以自我為中心，總想著別人應該給我們什麼，卻很少去思考自己應該為別人奉獻什麼。

稻盛和夫成功的事業中，「利他」、「學會奉獻」的經營理念給我們一個思考人生的平臺。稻盛認為，人活一生，並不是非要做出驚天動地的大事才有意義，我們不能使自己偉大，但可以讓自己崇高，平凡的工作崗位同樣能夠體現一個人的價值，忠於自己的本職，盡最大努力對社會做出奉獻，就是一個了不起的人。

「利他，學會奉獻」——同時也是稻盛和夫的經營之道，在獲取個人利益的同時，也不忘奉獻社會。

京瓷公司的經營理念是：「在追求全體員工物質和精神兩方面幸福的同時，要為人類社會的進步和發展做出貢獻。」企業經營的首要目的是實現員工的幸福生活。但

是，如果僅僅如此的話，那將是為某一個企業牟利的自私行為。作為社會的公器，企業有為世界、為人類盡力的責任和義務。

正因為如此，京瓷公司在開展後來業務時也很順利。這時，從利己經營轉變為利他經營，這種經營理念正在傳播開來。

創業伊始，稻盛和夫就用心這樣來經營。創業數年後，公司經濟基礎得到穩固時，把年終獎金交到一個個員工的手裡以後，建議他們考慮一下拿出獎金的一部分捐獻給社會。職工拿出一點點錢，公司也提供與其等同額度的錢，捐獻給那些連新年年糕都買不起的窮人。員工們對此很贊同，爽快地捐獻了一部分獎金。這是京瓷公司今天所從事的各種社會貢獻事業的開端，這種精神今天仍在繼續沒有改變。

也就是說，從創業不久起稻盛和夫就努力實踐利他精神，即把自己辛勤汗水的結晶哪怕是一小部分用於他人，使它有益於社會，為他人做出奉獻。

由於京瓷公司發展的結果，稻盛和夫的個人資產也與日俱增，但是他知道這是在大家的支持和幫助下獲得的，決不能據為私有，稻盛和夫認為，社會給他的，或者說社會暫時給他保管的資產要以有益於社會的形式回饋於社會才符合道理。

在稻盛和夫的企業經營取得巨大成功的同時，他的社會慈善事業受到高度評價，在二〇〇三年年，他被鋼鐵大王卡內基協會授予「安德魯・卡內基博愛獎」。在過去的獲獎者中，有比爾・蓋茨，喬治・索羅斯，特德，塔納等世界級慈善家。稻盛和夫作為第一個獲此殊榮的日本人，在頒獎儀式上這樣說道：「我是工作『一邊倒』的人，我創辦了京瓷和第二電電兩家企業，並幸運取得了超出預想的發展，也積累了一大筆財。我對卡內基說的『個人的財富應該用於社會的利益』這句話十分認同。因為我自己以前也有這樣的想法，財富得自於天，應該奉獻於社會、奉獻於人類，因此我著手開展了許許多多的社會事業和慈善事業。」

俗話說「君子愛財，取之有道」，稻盛認為，除此之外「君子疏財亦有道」，在他的人生中，「用利他精神賺取的錢財應該以利他的精神使用」是他一直堅持的信念，他懷著一顆樂於奉獻的心，用這樣正確的「散財」方式為社會做貢獻。

最尊貴的行為，就是為他人奉獻什麼。雖然不是每個人都可以取得像稻盛一樣的偉大成功，但以奉獻的名義，我們應該身體力行的是：以仁愛之心待人，以敬重的態度從業；善待自己，尊重他人；付出你應該付出的，給予你能夠給予的。實實在在地

做人，兢兢業業地做事，力所能及地給予，在奉獻的過程中塑造我們美麗的心靈！

7．感恩要發自內心最深處

每一棵小樹的成長，離不開陽光雨露的滋潤；每一朵鮮花的盛開，離不開青枝嫩葉的陪伴。所以，樹會感恩，它撐出一片綠蔭，給人一片陰涼。所以，花會感恩，它「落紅不是無情物，化作春泥更護花。」

那將是一件多麼幸福的事情，一大早出門，看到周圍的人，臉上都洋溢著善意的笑容；坐上公車，為一個老人讓座，一句輕輕的、發自內心的「謝謝」，如一陣暖風將因擁擠而產生的煩躁之氣吹散，懷著一顆感恩的心開始一天的新生活。

韋利是一個患有先天性心臟病的小男孩，但他開朗活潑，和所有的人都能成為朋友。正是因為他的樂觀和快樂，很少有人知道他是一個可能隨時離開人世的高危病人。

韋利有早起晨練的習慣，儘管醫生不讓他做高強度和劇烈的運動，但是韋利還是願意早起看看太陽，看看一天的開始是如何地美麗。那是一個薄霧和輕煙籠罩的早晨，韋利走到城市中央廣場的時候，發現一個人倒在地上，臉色發紫、呼吸微弱，顯然他正處在危險之中。韋利早已知道心臟病發作時的痛楚，他對這個陌生人的痛苦感同身受。四周很靜，真正做晨操的人一般不會來這裡，而韋利知道自己一個人無論如何也扶不起地上這個身材高大的人，怎麼辦？時間來不及了，韋利顧不上醫生的警告俯身拉起他的衣服。就這樣，12歲的韋利用盡全身力氣一點點地把這個人在地上拖行了二百公尺。終於有人發現了他們，韋利只說了「快送他去醫院」，便昏倒在地。

韋利醒來後看到的是陌生人一臉的關切和自責，他說自己因貪杯醉倒在街頭，如果不是韋利救了他，醫生說他會凍死在那裡。陌生人愧疚地說：「對不起，醫生告訴我心臟病差一點就要了你的命，你是在拿你的命救我。真不知道該如何感謝你！」韋利笑了：「我現在沒事了，你也沒事了。這就是最好的感

謝！」陌生人一定要報答韋利。韋利想了想說：「我真的不需要你對我有什麼報答，只是希望你能像我救你一樣，盡自己的所能，去救助比自己的處境還要差許多的陌生人，我想這就足夠了。」

許多年過去了，韋利活過了比醫生的預言長數倍的時間。他還是和以前一樣樂觀，並且真誠地對待每一個人，在別人需要的時候盡自己所能幫助別人。但是病魔還是在一個冬天的早晨將他擊倒當時韋利正任一個很偏僻的地方散步，忽然感到心口一陣劇烈的疼痛，韋利掙扎了幾下終於支援不住倒在了地上。

韋利醒來時發現自己躺在醫院裡，身邊站著一個十幾歲的男孩，正瞪著一雙大眼睛關切地看著他。韋利很感激地握住男孩的手說：「謝謝你，孩子，你救了我。你是怎麼發現我的？」男孩很開心的樣子：「我早上要去爺爺家陪他，正好路過那個地方，看到你躺在地上，我就想起了爺爺說他年輕的時候被一個和我一樣大的男孩救起的事。我想我也一定能夠做到，於是，趕緊叫來了救護車，他告訴我要盡力幫助每一位需要幫助的陌生人，我今天做到了。」—

那個男孩的爺爺，正是韋利當年救起的醉漢。韋利不知道該如何形容自己的心情，一次對人施與援手竟會帶來一生受用不盡的恩惠。

對生活懷有一顆感恩之心的人，即使遇再大的災難，也能熬過去，感恩者遇上禍，禍也能變成福，而那些常常抱怨生活的人，即使遇上福，福也會變成禍。

感恩是愛的根源，也是快樂的源泉。如果我們對生命中所擁有的——切能心存感激，便能體會到人生的快樂、人間的溫暖以及人生的價值。班尼迪克特說：「受人恩惠，不是美德，報恩才是。當他積極投入感恩的工作時，美德就產生了。」

稻盛和夫曾經說過：「我們之所以能夠生存下去，不是依靠我們自身的力量，而是應該感謝宇宙萬物。」這種感恩之情是內心的自然流露。

在稻盛的人生理念中，企業家道德價值要有七種品質，首先就是要學會感恩。在他看來，企業家所獲得的一切成就都是社會賜予的，應當從內心裡感謝社會和他人給你的厚愛。

學會感恩，應該是學會做人的一條最基本的標準。

人總要長大的。換言之，是自己慢慢學者長大。在人生的道路上一步一個腳印，

或深或淺記錄著芸芸眾生成長的深度。成長越慢的人往往受的傷就會越多，面對種種傷痕我們要做的不僅僅是承受，更多的是要感恩。大樹對滋養它的大地感恩，白雲對哺育它的藍天感恩，感謝那些幫助過我們的人，因為感恩才會有這個多彩的社會，因為感恩才會有真摯的感情。

8．以謙卑的心對待世界

有一種石頭，它隱於山林，沒於草間，不為人知，它長得普普通通，並不像周圍的同伴般棱角分明。經過千百年的風吹雨打日曬，它仍保持著秉性，謙單地隱藏於草莽中。將它精心地雕刻成一座石像，立於萬人之前，就會受人膜拜敬仰。

有一條小溪，它流過小村地頭，流過頑石水草。它知道在它的前面，還有大江大河，還有大海。它知道它的渺小，於是它謙卑地流著，流向大河，又讓大河載著它奔向大海。於是，它清澈的小水滴，也成了凝聚大海廣闊胸懷的一部分。小溪的水，也

過去には感謝を
現在には信頼を
未来には希望を

由此得到永恆的價值。

有一棵小草，它與同伴長於山岡，看著日出日落，吮吸著大地乳汁。小草不想長高，它想避免與同伴爭奪陽光與雨露，它想同伴先長高長大，它再開始成長。同伴沒有等它，漸漸將其遮掩。小草不再挺立，小草漸漸枯黃。小草最後只化為泥土中的養分，為同伴的成長盡一份力。

人生，其實也是如此。懷著一顆謙卑的心，在喧鬧浮躁的社會，默默地向著寧靜的地方前進，要保持著一顆向上卻不浮華的心，這樣的人，因為他謙卑，結果就會被認可和提拔。

當整個歐洲大陸都在讚美牛頓的時候，他謙卑地說：「我之所以比別人看得遠，是因為我站在巨人的肩膀上。」

謙卑讓我們的雙腳真正立於堅實的大地上，謙卑讓我們的眼界真正放在廣袤的宇宙間，謙卑讓我們懂得了天有多高、地有多厚。

謙卑出於博大的胸懷、偉大的理想、深邃的遠見、高尚的情操和科學的理性。

有一句英國諺語說：「良好的心是花園，良好的思想是根莖，良好的語言是花朵，良好的事業就是果子。」

若想在花園中種出最美麗的果實，就必須擁有美麗的心靈。

「磨礪心智，努力提高心靈的層次」，這是稻盛和夫先生對我們人生發展的誠懇建議。他認為，具有純樸的心地，美好心靈的人就是好人，就會散發人性的魅力。人生的道路都是由心來描繪的。所以，心靈是我們做好一切事務的基礎。

自省與人格磨礪是自我提升心靈層次的一個重要途徑。作為砥礪心靈的指標，稻盛和夫根據自身經驗總結出以下「六項精進」，告訴給周圍的人。這六項精進分別是：付出不亞於任何人的努力，戒驕戒躁，每天自我反省，感謝生命，行善積德，摒棄掉感性所帶來的煩惱。

將這些看似平凡、理所當然的東西，一點點堅持實踐下去，直到融入日常生活中。重要的不是把名家名訓裝裱鏡框之中，高懸於家壁之上，而是落實到日常的生活當中去，這樣對我們的發展一定有很大的益處。

稻盛和夫在一次演講中強調，作為一個領導者，應該具有良好的品德和美好的心靈。一個具有健全人格和美好心靈的人對企業的發展有極其重要的作用。在企業裡經營者被授予極大的權力，但是這種權力的行使，應該是為了保護員工，為員工創造幸福；而不可以用來壓制員工，不可以用來滿足經營者個人的欲望。作為經營者自己要率先垂範帶頭實踐這種哲學，不斷努力提升自己的心靈層次。如果這樣做，企業就一定能發展，而且能夠長期持續繁榮昌盛。

存著一顆美好心靈的人，又怎麼會沒有一個美好的人生呢！

稻盛和夫說，一個人的內心的美麗與醜陋，影響著他的人生觀、世界觀以及與他人的相處方式和行事作風，對一個人的人生方向具有導向的作用。

如果沒有良好的心靈層次，那麼你就不能身心合一地去執行你的信念；如果沒有良好的心靈層次，你就不能從容自然地在所有環境中堅強而有力量地成長；如果沒有良好的心靈力量，也許一陣風雨即可讓你搖搖欲墜，隨時墮落。

不管處於什麼位置的人，都需要持續地提升心境，否則外界的信息就會很容易搖動你心中的桅帆！只有美好的心境才會擁有美好的目標，這樣才會實現美好的願景。

第四章

人生的價值＝以熱愛工作來創造一切

1．沒有苦與樂的工作會讓人窒息

「威士忌的工作就像戀人一樣。為了愛戀的對象，什麼苦也感受不到。」一旦忍不住喜歡上自己的工作，人生就會愉悅自得。NIKKA（竹鶴）威士忌的創業者竹鶴政孝正是如此。

竹鶴是一個釀酒之家的三男，因為哥哥們都離了家，他為了繼承家業，進入大學時選了釀造學系。本來他挺喜歡土產釀酒，但大學時接觸了洋酒，被迷住了。

應該繼承家業，或是追求造洋酒的夢想呢？竹鶴猶豫不決。他暫且以研究為藉口，進入日本第一家製造洋酒的攝津造酒公司。

熱心於工作的竹鶴受到公司總經理的注意，推薦他到蘇格蘭留學。當時的日產洋酒都是以仿造的方式，在酒精中加入砂糖、香料。這位總經理告訴竹鶴：「希望你成為製造正宗威士忌的高手。」

為了到威士忌的故鄉留學，竹鶴說服了父母。一九一八年，他勇敢赴英。

和釀造酒的日本酒不同，採用蒸餾方式製造的威士忌必須在充滿熱氣和煙的嚴酷環境中工作。然而，竹鶴一點也沒有感到痛苦和疲倦。

小到清洗鍋子之類的雜事，所有的工作，他都盡行吸收；所學、所見、所感，鉅細靡遺，全在當日記錄下來。竹鶴終於學成一身好功夫，甚至只要敲敲單式蒸餾機，從它的回音，就可以知道蒸餾的程度。

有時候，望鄉之念纏得心頭酸澀。但他按捺了這種念頭，專心在技術的提升上。回國之後，竹鶴碰到了和他一樣，對洋酒很有興趣的人，他就是壽屋（其後的三得利）的總經理鳥井信治郎。應鳥井之邀，他進入壽屋工作。從選定工廠的建設地點，到訂購設備、機器，全由他一個人經手。

終於，壽屋的威士忌製造在竹鶴操盤下上了軌道。一九三三年，他在北海道設立大日本果汁株式會社（其後的ＮＩＫＫＡ威士忌）。

稻盛和夫認為，現在的日本，正處於一個沒有方向感的時代。其原因來自於兩個方面：一方面，人們找不到明確方向的行動指標；另一方面，人們遇到了許多前所未

有的問題，帶來了極大的困惑，比如說，整個社會的老齡化，年輕人的比例減少，人口負增長，地球資源枯竭以及環境污染、生態惡化，等等。在這些危機與困惑中，人們的價值觀念也產生了巨大的變化，並在變化中產生了一系列的混亂。

人們價值觀變化當中最顯著的一點就是對於「勞動」觀念的扭曲，以及對於人們賴以為生的「工作」的認識的改變。現代社會，大多數人已經無法對工作目標和意義有一個正確的認識。於是，「勞動是為了什麼」、「為什麼要努力工作」這樣的問題出現得越來越多。

在當今的時代，有相當一部分人不喜歡自己的工作，討厭勞動，而且還盡可能地逃避工作責任。這種傾向在明顯地滋長。更有甚者把「努力做好自己工作」、「拼命進行勞動」一百得無足輕重。他們嘲笑和輕視積極工作的人。

還有很多人熱衷於股票市場，寄希望於股票買賣，期待著輕輕鬆鬆發大財。許多人創辦風險企業，其目的也只是想通過公司上市來募集大量資金。用這些手段把發財當作人生終極目標的人在日益增多。

與此同時，恐懼、排斥勞動的傾向漸漸在社會上佔據上流。

許多年輕人，剛剛一腳踏入社會，就把工作看作苦役，而且認為這種苦役剝奪人性。甚至很多人，選擇了啃老，在雙親的庇護下混日子，乾脆不去求職、不去工作。還有就是不從事正經職業，靠打零工做兼職填飽肚子。勞動觀念、工作意識的改變，導致了無固定工作的自由職業者的增加。

將工作當作不得不做的「玩意兒」，這種想法在當代社會似乎已經成為某一些人的共識。（附帶說一句：在二〇二一年，中國大陸還流行「躺平一族」——指與其堅持奮鬥不如無欲無求自甘墮落的年輕族群！）

當你在為公司工作時，無論老闆把你安排在哪個位置上，都不要輕視自己的工作，都要擔負起工作的責任來。那些在工作中推三阻四，尋找各種藉口為自己開脫的人，對這也不滿意、那也不滿意的人，往往是職場的被動者，他們即使工作一輩子也不會有出色的業績。

很多人都希望工作又輕鬆而且賺錢又多。這些人都是抱著心裡不願意工作，但因為要糊口又不得不做的心態。這樣的心態怎麼能做好工作呢？不願意受工作環境的束縛，只重視私人生活的空間，只對個人感興趣的事情投入精力，這樣的生活方式，在

當今時代的背景下，早已是司空見慣了。

安妮是一家跨國公司辦公室的打字員。有一天中午，同事們都出去吃飯了，只有她一個人還留在辦公室裡收拾東西。這時，一個董事經過她所在的部門時，停了下來，想找一些信件。這並不是安妮分內的工作，但是她回答：「儘管對這些信件我一無所知，但是，我會儘快幫您找到它們，並將它們放到您的辦公室裡。」當她將董事所需要的東西放在他的辦公桌上時，這位董事顯得格外高興。

一個月之後，在一次公司的管理會議上，有一個管理職位的空缺。總裁徵求這位董事的意見，此時，他想起了那位打字員——安妮。於是，他推薦了她，安妮的職務一下子就因此從事務員晉升為管理初階人員了。

稻盛和夫認為，人難得到世上走一遭，如果就這樣馬虎度過，也就失去了人生的意義。稻盛和夫通過自己多年來對工作的實踐體驗和思考得出的結論：一個人只要理解工作的含義，並全心全意地投入工作，那麼他就擁有充實的人生，而這份充實的收獲，將造就他一生的幸福與喜悅！

2．為了飛躍，先得忘卻自己的身高

西山彌太郎的這一行為，被稱作是「瘋狂舉動」。事實上不無道理。資本額五億圓的川崎製鐵竟然要投資二百億圓（現在的幾兆）的巨額設備。金融界因而流行著一句話：「別靠近川鐵！」這是一九五〇年的事。

但是，當時身任川崎總經理的西山彌太郎基於必須使鋼鐵在日本復興的信念，不斷與通產省、銀行交涉，終於和第一銀行（其後與其他銀行合併為第一勸業銀行）的負責人達成融資的協議。

西山於一九一九年進入川崎造船所（其後的川崎重工業、川崎製鐵）。這時，川崎重工業的製鐵部門獨立，川崎製鐵的第一任總經理才上任兩個月左右。

鋼鐵製造廠是否擁有高爐，差異甚大。高爐可將鐵礦製成銑鐵（生鐵）爐子。有

這種高爐的製造廠可以進行從原料到製鋼滾軋的一貫生產作業；相對而言，沒有高爐，只有平爐的製造廠就得向有高爐的製造廠購買半製品銑鐵。擁有高爐就成了只有平爐的川崎製鐵最大的願望。

西山確信：「戰後，日本的生產消費模式必會成為美國型態。如此一來，鋼鐵的需要量就會大大提升。」

因此，他下決心引進最先端的高爐技術，建立千葉製鐵所。不過，就公司的規模而言，如此巨額的投資，能夠遽下決定的高層決策人員太少了。

西山說：「鐵的買賣起伏激烈，所以，鐵的經營必須具備粗壯的神經。」

能夠隨大流而工作的人才會獲得勝利。因此，像這樣的投資，就不能顧及自己的身高（能力）。若是失敗，很多人會迷失方向。但是，若因不能隨大流而衰退，最後還是會導致悲慘的結局。

一九五三年，川崎製鐵千葉製鋼所的第一號高爐開火。鋼鐵業界受到刺激，紛紛設立更大規模的製鐵所，日本的鋼鐵業因此建立了世界第一的地位。西山上是鋼鐵王國的建設之父。

由於鋼鐵業興盛這個背景，使得日本在戰後出現奇蹟似的復甦和高經濟成長。

一個人的發展與成長，天賦、環境、機遇、學識等外部因素固然重要，但更重要的是自身的勤奮與努力。沒有自身的勤奮，就算是天資奇佳的雄鷹也只能空振雙翅；有了勤奮的精神，就算是行動遲緩的蝸牛也能雄踞塔頂，觀千山暮雪，渺萬里層雲。成功不能單純依靠能力和智慧，更要靠每一個人自身孜孜不倦地勤奮工作。

工作的意義，正在於此。日復一日勤奮地勞作，是所謂「精進」，可以達到鍛煉我們的心志、提升人格的作用，稻盛和夫曾談到，他在一個電視訪談類節目中看到主持人採訪一位木匠師傅。這位木匠師傅所說的話，很令人感動。

這位木匠師傅說：樹木裡居住著生命。工作時必須傾聽這樹木中生命發出的呼聲……在使用千年樹齡的木材時，我們須以精湛的工作態度來對待，因為我們的技藝必須像有著千年樹齡的樹木一樣，要經得起千年歲月的考驗。

這種動人心魄的話出自一個平凡木匠之口，但是，這種話只有終身努力、埋頭於工作的人才能說出來。

木匠工作的意義是什麼呢？它的意義不在於使用工具去建造美輪美奐的房屋，不在於不斷提高木工技術和工藝，而更在於磨煉人的心志，鑄造人的靈魂。這是稻盛和夫從這位令人肅然起敬的木匠師傅的肺腑之言中聽出的深刻意蘊。

這位木匠師傅年逾七十，只有小學畢業的他幾十年從出著木匠這項工作，辛苦勞累，其間他也不勝厭煩，甚至有時也想辭職不幹，但堅韌的他還是堅持了下來，幾十年如一日地承受和克服了這種種勞苦，勤奮工作，潛心鑽研。像這樣將自己的一生奉獻給一種職業，在埋頭工作的過程中，他逐漸塑造出了厚重的人格。孜孜不倦的他在經歷了一生的勞苦和磨難後，才用自己的體會道出了如此語重心長、警醒世人的人生智慧。

像這位可敬的木匠師傅一樣，將自己的一生奉獻給一項職業，埋頭苦幹，這樣的人最有動人心弦的魅力，也最能打動人。稻盛曾經說過，工作是對萬病都有療效的靈丹妙藥，通過工作可以克服種種艱難險阻，讓自己的人生命運時來運轉。將自己的工作當作信仰，把勞動看得高貴神聖，是值得推崇的。

人生是由種種苦難構成的。雖然苦難既不是我們希望的，也不由我們控制。但意想不到的苦難卻常常不期而至。災難和不幸接踵而至，不停地打擊我們，折磨我們。在這個過程中，我們不由得為自己的命運而生發出怨恨的心情，甚至心灰意冷，稍一鬆懈便被苦難所打敗。

然而，一種巨大的能量卻在「工作」中潛伏著，它可以幫助你戰勝人生中的種種磨難，給處於危機的人生帶來美好的憧憬和希望。稻盛和夫用自己的親身經歷驗證了這個真理。

工作能夠強大一個人的內心，幫助人克服人生的種種磨難，讓命運獲得轉機。只有通過長期堅持不懈的工作，不斷磨礪心志，才會具備厚重充實的人格，在生活中像大樹而不是蘆葦，做到沉穩而不搖擺。

生活在現代的年輕人，承擔著人們對未來的希望以及創造未來的重任，在工作中不可好逸惡勞，不要逃避困難。秉著一顆純真自然的心，全身心地投入到工作當中去，是接近成功以及磨礪心志的最好方法。

當心存疑惑工作到底是為了什麼時，稻盛和夫希望我們記住下面這句話：

工作是一種非常值得推崇的行為，它能夠鑄造人格、磨礪心志，是人生最尊貴、

最重要、最有價值的。

3．不幸之中總會有幸的成分

人生不如意事十之八九。生活本是一種承受，人若學會正確對待不幸，那麼你所遭受的也許正是你的福氣。稻盛和夫曾說過，乍看的不幸，實際是幸事。

看過著名油畫大師梵谷的故居的人都知道，那裡有的只是張裂開的木床和破皮鞋。梵谷一生困苦潦倒，沒有娶妻，但也許正是生活上的困窘，幫他完成了在藝術上的壯舉，使他成為大師中的大師，使他的作品成為經典中的經典。

就人生而言，不幸是個不請自來的不速之客。不幸是根彈簧，我們若向他屈服了，它不會優待戰俘，反而使我們落魄潦倒，甚至在絕望和恐懼中逼迫我們一步步靠近滅亡；如果我們不臣服於它，反而會變得更堅強更勇敢。

風雨對於溫室裡的花朵而言絕對是滅頂之災，不幸對於幸運兒而言無疑是致命的打擊，毫無力最去抗拒去迎擊。因為幸運兒習慣了沒有挫折和不幸的苦澀人生，在他們的生活經歷中只有一帆風順，心想事成，他們的字典裡沒有別有深味的「不幸」二字。而對於那些經常遭受不幸拜訪的人來說，他們的意志品質都是非常堅強的。他們深刻地明白，風調雨順、風和日麗只是偶然光臨，暴風驟雨、電閃雷鳴才是人生的常會到來的不速之客。

著名心理學家威廉•詹姆斯說過，我們所謂的不幸和苦難，很大的程度上，要歸結於個人對現象所持的看法。更重要的則是，一個人以什麼樣的心情與態度來面對和處理這些難題，最後的結果是迴然不同的。因此，我們不難發覺，即使是出於同樣的環境和狀態，有人認為是不幸和苦難，有人卻認為這是千載難逢的良機。

成功的人為什麼能成功？因為對他來說，每一個因緣都是成功的良機，甚至包括不幸。不管身處何處，他們都會以積極、自信與樂觀的態度去努力、去積澱自己，他們是奇蹟的創造者。與此相反的是，另一些人持有消極與失敗的心態，不願意承擔不幸，這樣的人註定一輩子要潦倒。不同的心態，做出的不同的反應致使事情的結果截然相反。因此遇到任何挫折或打擊時，千萬不要呼天搶地，微笑著告訴自己你確信那

是造化的考驗。

高爾基曾把苦難比作一所學校。幾乎所有的成功人士都是從不幸中畢業的。不幸教給你堅強勇敢，更教會你拼搏向上。這也正如稻盛和夫指出的那樣，苦難是一隻駛向成功的船，當風暴來臨時，別害怕，揚起帆，直面那滔天的海浪、搏擊那洶湧的激流吧。

4．你可以當一個水手，也可以當一位船長

工作是一個展示我們的大舞台。可以盡情施展我們的才華。我們寒窗苦讀得來的知識，我們的應變力、我們的決斷力、我們的適應力、我們的協調能力都將在這樣一個舞臺上得以施展。除了工作，世界上恐怕沒有哪種活動能夠給人們提供如此愉悅的充實感、表達自我的機會、個人的使命感甚至是一種活著的理由。

一些企業中，不少員工只是將工作當成一份養家糊口的、不得不從事的差事，談

不上什麼榮譽感和使命感；甚至有很多員工認為：「我出力，老闆出錢，等價交換，誰也不欠誰的，誰也不用過分認真。」他們只想做企業的老人，而不是企業的功臣；他們沒有盡心盡力工作的精神，而是像老牛拉磨一樣，懶懶散散，不求有功，但求無過。這些做法無異於浪費自己的生命，斷送自己的前程。每當新產品開發的時候，稻盛和夫總是想「緊抱自己的產品」。對自己的工作、對自己的產品，倘若不注入如此深沉的關心和熱愛，事情就很難做得如此盡善盡美。

年輕人常常對工作缺乏深刻的認識和理解。也許他們常常抱怨薪水太少，工作時間太長，在他們眼裡「工作是工作，自己是自己」，而這二者之間沒什麼關係，而且要保持距離。然而，想把工作做好，就應該消除二者之間的距離，領悟到：自己就是工作，工作就是自己。

京瓷公司在創建不久，曾製作過「水冷複式水管」，這種水管的作用是用來冷卻廣播機器真空管的。

由於京瓷以前只做小型陶瓷產品，而這種水管尺寸太大，使用的是老式陶瓷原

料，屬陶器一類。並且要在大管中通小冷卻管，結構很複雜。

當時京瓷本不具備製造這類產品的設備，也未能掌握相關技術。然而由於客戶盛情難卻，稻盛無意中便把任務應承了下來。既然接受了訂單，就絕不可以失信於人，不管怎樣都必須給客戶一個滿意的交代。

為了做好這種水管，京瓷人付出了一般人難以想像的辛苦。比如說，原料雖然與一般陶器一樣，使用相同的黏土，但是想讓如此大的陶器均勻地乾燥很困難。一開始，在成型、乾燥的過程中，幾乎每次都以失敗告終，因乾燥不均而發生裂痕的現象頻頻發生。

產品的乾燥時間過長，稻盛曾嘗試在縮短乾燥時間上下功夫，但結果並不盡如人意。他採用各種方法反覆試驗，最後想出一招：在尚未完全乾燥、處於柔軟狀態的產品表面裹上布條，然後向布條上吹氣，讓產品慢慢地、均勻地乾燥。

這樣，新的問題又來了。如果產品太大，而乾燥時間又過長的活，產品會受自身的重力影響而發生變形。為防止變形，他想了好久……最後，他決定抱著水管睡覺。

於是，他選在爐窯附近溫度適當的地方躺下，把產品小心翼翼地抱在胸前，整個晚上都慢慢轉動著水管。用這種方法乾燥果然奏效，同時還防止了水管變形。

這在旁人看來，這簡直是瘋狂的、不可思議的。當時的稻盛滿腦子想的都是「把產品培育成人」，甚至把它當作自己的孩子，傾注了全部的愛。正因為如此，稻盛才能做到抱著產品轉動了一個通宵。他通過這種讓旁人看來心酸流淚的「認真不遺餘力地工作」，順利地完成了「水冷複式水管」的製造任務。

不管我們所處的時代多麼發達、多麼進步，如果工作時缺乏那種認真不遺餘力的感情，就無法品嘗到那種成功的欣慰。

很多人可能會為自己的不認真尋找各種各樣的藉口，實際上卻是聰明反被聰明誤。如果一個人總是為自己的鬆懈而大傷腦筋琢磨如何辯解自己的話，那麼他怎麼能把工作做好呢？有句話說得好：今天不努力工作，明天就要努力找工作。

其實一個人所做的工作就是他人生態度的表現：一個人一生的職業，就是他所嚮往的理想之所在。所以了解了一個人的工作態度，也就是在某種程度上了解了那個人。我們投身於工作不是為了別人，而是為了自己。

你才是自己人生航船的船長，不管你受雇於誰，你永遠在為同一個老闆打工——

那就是你自己。一句話，我們要為自己而工作，做事，也是做人。

5．完美主義不是更好，而是至高無上

「完美主義」是稻盛和夫在工作中一直追求的目標，他所考慮的「完美主義」不是「更好」，而是「至高無上」。生產一個產品，哪怕付出99％的努力也是不夠的。一點瑕疵，一點疏漏，一點粗心都不能原諒，只有做足100％才堪稱「完美」。在工作中不斷追求的是做到精緻、精湛、精益求精，力求最高質量，把產品做成無可挑剔的完美作品，把工作做到極致，挑戰極限，這才是工作的終極目標。

稻盛和夫的一位叔叔當過海軍航空隊的飛機維修員，從戰場歸來後曾對稻盛講起過他在航空隊的經歷，這給稻盛留下了很深刻的印象。

每當轟炸機起飛的時候，維修員都要隨機飛行，但幾乎他們中的所有人都不乘坐自己維修過的飛機。他們似乎不約而同地選擇乘坐別的同事維修的飛機，這裡面有什

麼玄機嗎？

原來，雖然維修員們在維修保養機器時竭盡全力工作，但卻不敢保證自己做得萬無一失，於是他們都乘上同事負責的轟炸機。

正因為對自己的工作缺乏充分的信心，又考慮到萬一出現緊急情況，所以維修員們做出了這樣的選擇。還有很多類似的事情。許多醫生自己的父母妻兒，或是親戚身患重病，他們大都不願親自診斷醫治。親人們需要進行手術時更是如此，這些醫生往往委託自己信任的同事主刀。這樣做的緣由是，在血濃於水的親情面前，關係到親人的安危，自己會動不了手。

稻盛和夫並不贊同這種觀點，他認為每一天的工作都是真刀真槍幹出來的，擁有這樣的積累，他一定會對自己的技術有滿滿的自信。如果換了他做飛機維修員，他必定會選擇乘坐自己負責的轟炸機；如果換了他做外科醫生，當親人需要救治時，他不會請人代勞，必定會親手主刀。只有覺得自己的工作做得完美無缺，能給自己的能力打滿分時，才能有正面面對問題的決心和魄力。

「無缺點運動」最早發端於美國佛羅里達州的馬丁‧馬里塔公司。一九六二年，該公司與美國軍事部門簽訂了一項生產供貨合約，合約規定的交貨期限很緊，對品質要求很嚴。可是軍令如山、不容耽擱，馬丁公司為形勢所迫，打破常規，開展了一場「無缺點運動」，這一運動包括——

一、打破傳統的「人總要犯錯誤」理念，改換成「只要主觀盡最大努力，就可以不犯錯誤」的理念，以此動員全體員工追求無缺點目標，自覺避免工作中的失誤。

二、忘打破以往的生產與質檢的分離格局，要求每個操作者同時也是質檢者，規定上道工序不得向下道工序傳送有缺陷的產品。

三、打破過去對錯誤只有事後發現和補救的常規，講求超前防患，事先找出可能產生缺點的各種原因和條件，提前採取措施，做到防患於未然。

四、打破生產過程中各工序的員工各自為政、各行其是的習慣狀態，要求樹立全局觀念，主動配合、密切合作，從總體上保證實現無缺點結果。馬丁公司實行「無缺點運動」果然一舉成功，合同期限一到便交付出無可挑剔的百分之百合格的產品。

精益求精是對結果最好的詮釋。一位企業經營者說過：「如今的消費者是拿著『顯微鏡』來審視每一件產品和提供產品的企業。在殘酷的市場競爭中，能夠獲得較寬鬆的生存空間的企業，不只是『合格』的企業，也不只是『優秀』的企業，而是『非常優秀』的企業。你要求自己的標準，必須遠遠高於市場對你的要求標準，才可能被市場認可。

要提高工作標準，把產品的完美品質視同自己的生命一樣珍惜！其實企業應該把完美主義奉行到像生命一樣至高無上的地位。以完美主義的標準去要求每天的工作，聽起來可能很苛刻，也很困難。但是與生命相比起來呢？你做到像對待僅有一次的生命那樣嚴肅謹慎地去對待你的工作了嗎？還是將至高無上的完美主義進行到底吧。

6．成敗往往取決於「最後1%的努力」

稻盛和夫從年輕時就把「完美主義」作為人生信條。這一方面和他與生俱來的性格有關；另一方面，這也是他後天在從事產品製造業的過程中學來的。

製作新型陶瓷需要按比例將氧化鋁、氧化硅、氧化鐵、氧化鎂等原料的粉末混合後，放在模具中通過加壓成型，再在高溫爐中燒結，還要對出爐的半成品進行研磨，對表面進行進一步的金屬加工處理。製造一個產品，需要多道生產過程，運用多種生產技術，每道工序都需要相當精密細緻的技術。嚴格的產品需要每個員工在操作時都必須全神貫注，哪怕一個很小的錯誤，也可能導致前功盡棄，造成產品的致命傷。

所以說一個產品中凝結著100%的努力和細緻，99%是不夠的。一點小問題都不能允許出現。任何時候都要求100%的「完美主義」。

若少了最後1%的努力，就會產生不合格品，不光材料費、加工費、電費等，而且前面各道工序所耗費的時間、投入的精力、消耗的人力，所有的一切也會因這一點點不完善而全部泡湯。在生產過程中只要有一道工序出現了微小的瑕疵，之前的全部努力都將化為泡影。同時，還會面臨著損失客戶的危險。少了那1%的努力，前面99%的汗水都將付之東流，統統歸零，正可謂行百里者半九十。

京瓷按照客戶訂單加工生產各種電子工業陶瓷零件。京瓷的銷售員都是從電器廠家處獲得訂單，訂單上明確標注有對作為機器重要配件的新型陶瓷的規格要求和交貨日期。

京瓷提供的配件交貨日期是根據客戶機器裝配的排程決定的，預定的交貨期必須嚴格遵守。在生產過程中發生的一點小差錯，將會直接導致承諾的交貨期無法兌現。違約意味著損害公司的信譽。如果在臨近交貨期，因某個環節的差錯產生了不合格品，而製造這種產品需要兩個星期，而問題不巧又出現在最後的生產環節上，那就只有通過延期來解決。

銷售員需要立刻向客戶解釋，低聲下氣地懇求再寬限兩個星期。這時沒有及時得到產品的客戶往往會很不滿意：「我們這麼信任你們，把這麼重要的配件生產委託給

你們，沒想到竟會連累我們整個生產線停產。」或是「言而無信，再也不想和你們這樣的公司做生意了！」

銷售員只能無辜地遭到如此的責備。

把握一件事的成敗就是要將每一個環節做透做細做到位。否則，任何一件事都可能因為一點疏漏而成敗筆。

完成一件工作無異於完成一件立體的藝術品，某個環節的差錯會導致整體的不完美，嚴重的甚至會使這件藝術品轟然垮塌。如果說100％是完美的代名詞的話，那麼最後的那1％便承載著之前99％的努力，把它合成100％的完美。

1％是完美的一部分，沒有這一點，完美便不成其為完美。把每一件事做細做透做到位對一個企業有著積極的意義。如果每個員工能夠信守這一條，擁有完美主義的職業習慣，那麼這樣的企業一定會擁有很強的競爭力。

7．不是向「最佳」看齊，而是向「完美」追求

對任何企業來說，產品的品質都是極為重要的。因為它不僅關係到企業的聲譽，而且直接影響到企業的經濟效益，關係到企業日後的發展。因此說追求完美的工作質量是企業的生命，是企業的命脈。稻盛和夫把追求完美作為企業的信條，切實地執行，甚至對其他的優秀企業產生了深遠的影響。

法國休蘭伯爾公司在石油開採領域上擁有高超的技術——能利用電波測定地層狀況，確定接近石油層的合適位置，是一個非常優秀的企業。京瓷公司在創業大約20周年的時候，這家公司的董事長詹恩・里夫先生來日本訪問。

里夫董事長是一個很出色的人物。他出身於法國的貴族名門，是當時法國社會黨實力政治家的朋友，還曾是法國政府內閣候選人。

里夫在訪日期間到京瓷拜訪稻盛和夫，想與他談論經營哲學。

京瓷與休蘭伯爾公司不屬於一個領域，因此當時的稻盛和夫還不太了解休蘭伯

爾。他在公司和里夫董事長見面之後，在聊天中發現里夫先生果然不同凡響：他擁有出色的經營哲學，能將公司辦成世界屈指可數的國際型大公司。

雖然他們第一次見面，卻很談得來。後來，稻盛和夫應邀在美國與他再度會面，促膝長談直到夜深。

里夫董事長在談到休蘭伯爾公司的信條時說：就是努力把工作做到最佳。他的這句話又引出稻盛和夫下面的一席話：「最佳」這個詞，意思是同別人比較，是最好的。但這只是相對而言的，因此在水準較低的隊伍裡也存在著他們的「最佳」。京瓷的目標不是向「最佳」看齊，而是向著「完美」追求。「完美」同「最佳」不同，不是同別人比較起來最好，而是帶有很強的絕對性的，說明它自身就具備可靠的價值。因為世上沒有什麼東西能超越「完美」。那天晚上，稻盛和夫就自己的「完美」主張，與里夫董事長的「最佳」信條的討論持續到深夜。最後，里夫董事長同意了稻盛和夫的觀點，並表示以後休蘭伯爾公司不再把最佳奉為信條，而是推崇把完美主義作為信條。

追求完美是不放過任何細節，向精益求精的努力。其實，稻盛和夫追求完美的信條可以延伸到任何領域，可謂是一個成功的指示牌。

如果一個企業對產品品質的要求非常嚴格，重視每一個細節的完美，不允許產品的任何一個細節存在差錯；一旦發現某個環節存在缺陷，寧可犧牲產品，也不會放寬對細節的完美追求，那這樣的企業一定能從優秀走向卓越。

賓士汽車已經成為高品質、高檔次、高地位的象徵，是名副其實的名牌。它的品牌號召力在於它追求完美的高品質。

該公司的一位負責人說：為了杜絕品質問題，賓士公司對於外廠加工的零部件，只要一箱裡有一個不合格，那麼這箱零部件的命運將是被全部退回。這種「寧可錯殺一千，也不放走一個」的近乎苛刻的管理模式，最大限度地保障了產品的品質。

產品設計對於產品品質來說很重要，這就需要在產品開發的前期進行大量的市場調研，充分了解並掌握潛在客戶對產品的需求資訊和細節，以便於在產品開發設計過程中保持系統的有效性。賓士汽車的設計聞名世界，因為他們把汽車設計的每個細節都切切實實地落實在生產過程中，才使產品趨於細緻完美。雖然其他許多公司在產品

的設計過程中，也都很精心，但最終生產出來的同類產品，品質卻與賓士相差甚遠。

賓士公司也是秉承追求完美這一理念。賓士生產的發動機（引擎）要歷經42道關卡的考驗。有許多像焊接、安裝發動機等比較單純的機械勞動都用機器人工作，這在一定程度上就避免了很多製造細節可能出現的問題。產品在生產組裝階段有專人負責檢查，在出廠前由技師對所有的環節綜合考查，檢驗合格後才能簽字放行。最後哪怕是汽車表面的油漆有輕微劃痕，都必須返工；哪怕對一顆小螺釘，在組裝上車前，也必須經過檢驗。

無論是京瓷，還是賓士公司，這些事例無一例外地昭示著，正是以追求完美為信條才能使企業擁有細心和細緻，才能生產出完美的產品，才有了產品的獨到之處，才能使企業的可持續發展成為可能。稻盛和夫對於完美的追求的信條得到了一次又一次的成功驗證，他所推崇的完美是非常值得借鑑學習的，所有的企業都應向追逐完美主義致敬。

8．以完美追求內心的理想目標

細心留意一下身邊，不難發現，那些能做成事業的人，都是傾向於完美主義，並用心貫徹始終的人。所有的行業、所有的職位無一例外地適用這條規律。

稻盛和夫回憶在京瓷還是小企業的時候，自己在會計方面遇到不理解的地方，就這些情況向財務部長提出疑問。稻盛提的都是「財務報表怎麼讀」、「複式簿記該怎麼處理」等這樣的問題，這讓財務部長大為頭疼。

終於有一次，這位部長說出的數字沒有依據，不過在稻盛的連連追問下，他顯得非常窘迫，無言以對。最初他不把外行的稻盛放在眼裡，但經過稻盛的再三追問，結果證明他的數字是錯誤的。

他只得小心地連聲說「對不起」，立即拿橡皮擦把錯誤的數字擦去。

稻盛對於這種做法難以忍受，當時就大發雷霆，嚴厲地批評了他。

文字、數字錯了，即使只是一個半個小錯誤，也有可能給工作造成致命後果。這

位財務部長對於這一點毫無意識。如果這種錯誤不是發生在財務報表中，而是發生在新型陶瓷的製造過程中，造成的嚴重損失將不可估量，甚至無法挽回。

也許有很多當會計的人，為了便於修改，常常會先用鉛筆寫，發現出了錯誤就用橡皮擦擦掉再重寫，覺得這沒什麼大不了的。正因為抱著這種態度做事，所以經常是出現了很簡單的錯誤卻總是難以改正過來。

完美是一種境界，做到完美才能超越自我，卓爾不群。在這個豐富多彩的世界上，不在平凡崗位的人，寥寥無幾。但在平凡的工作崗位上，取得優異成績的人又很多，這就是超越平庸，追求完美的力量。

沒有一個人可以在每一項領域中都成為世界第一，可是每一個人都可以找到他喜歡的那個領域並成為世界最頂尖。只有追求完美主義，才能出色地工作。

現實中常有這樣一些人，他們往往不肯把事情做得盡善盡美，只用「足夠了」、「差不多」來敷衍了事。由於他們不會關注細節，所以沒有把根基打牢，過不了多久，他們的工作就會像一所不牢固的房屋一樣倒塌。其實，很多時候草率和馬虎所造成的禍患不相上下。「差不多」有時會差很多，無論是相差0.1毫米還是0.1秒，都是毫厘之差，天壤之別！

競技場上，冠軍與亞軍的區別，有時小到肉眼是無法判斷的。比如短跑，第一名與第二名有時可能僅相差0.01秒，但是冠軍與亞軍所獲得的榮譽與財富卻是天壤之別的，全世界的目光只會聚集在冠軍身上。

稻盛和夫說過，要完成一個產品，99％的努力是不夠的。一點差錯、一點疏忽、一點馬虎都不能允許。任何時候都要求100％的完美。他是一個完美主義者，他始終認為每一個完美的結果都取決於貫穿始終的嚴謹過程。世上可能沒有完美，但最難得的是追求完美的過程。

任何一家公司想在競爭中取勝，都必須先設法使每個員工精益求精、追求完美。否則，公司就無法給顧客提供高品質的服務，就難以生產出高品質的產品，當員工將追求完美作為一種目標，變成一種習慣時，就能從工作中積累更多的經驗，就能從全身心投入工作的過程中找到更多的快樂。追求完美和卓越的工作表現，才是我們不斷

發展進步的驅動力。

馬克曾是美國西里克肥料廠的一名速記員。儘管他的上司和同事都有偷懶的惡習，馬克仍保持認真做事的良好習慣，重視每一項工作。

有一天，上司讓馬克替自己編一本老闆西里克先生前往歐洲用的密碼電報書。馬克不像同事那樣隨意地寫幾張完事，而是將它們編成一本小巧的冊子，用打字機很清楚地打出來，然後又仔細裝訂好。做好之後，上司便把這本冊子交給了西里克先生。

「這大概不是你做的吧？」西里克先生問。「呃——不……是……」馬克的上司緊張地回答，西里克先生沉默了許久。

幾天後，馬克代替了以前上司的職位。

或許大家都有過類似的經歷，只是覺得很正常而忽略過去了。殊不知，看起來微不足道的一件小事，卻體現著深刻的道理。試想，如果馬克沒有將細節做到完美的習慣，他能表現得如此盡職盡責嗎？

天下大事，必作於細，我們能把每一件小事做好了就是不簡單，把每一個細節做好了就會不斷趨向完美的境界。就像許多人外出，都要帶上一個旅行杯，但是旅行杯的蓋子一定要蓋好，否則，杯裡的水就會灑出來。由此想到，任何一項工作如果不做到位，不追求極致的完美，就難以收到預期的效果，甚至會前功盡棄。

每一個人的一生中至少應該有一次瘋狂追求完美的體驗。只有這樣，普通人才能挖掘到自己驚人的潛力。一個人因為熱愛最完美的東西，才會追求極致，哪怕一般好都會不滿意。懂得這一點，我們就可能憎恨以往的一知半解、三心二意，於是我們的心中就燃起了追求完美的熱情火焰。

在稻盛和夫看來，嚴謹的工作態度和不斷追求完美的工作作風是員工必備的素質。我們現在能做的，不是研究別的，而是研究目前你在你的領域中到底排名第幾？你銷售的產品是不是居於尖端品牌？誰才是這個領域的龍頭老大？現在就開始下定決心做得比他更好、更努力，超越他，那麼你就一定會成功，並且實現你的人生夢想。

第五章
人生的轉折Ⅱ
相信自己的可能性，而不斷超越自己

1・將平凡變成不平凡

「遺傳基因學第一人」筑波大學名件教授村上和雄先生，針對所謂「「火災現場的爆發力」這一現象，曾做過簡單明瞭的解釋。「在極限狀態進發出的人的巨大能量，為什麼平時總是『休眠』呢？因為管理這部分功能的遺傳基因，平常處於OFF狀態，只要把它的開關置於ON狀態，那麼，即使在通常惜況下，人們也可以發揮出類似『火災現場的爆發力』那樣的巨大的力量。」

但是，要進入ON狀態，即開啟這種潛在能力，「正向思維」、「積極思考」等這類向前進取的精神狀態，作用巨大。思想的力量能夠大大拓展人們的可能性。這一點，已經在遺傳基因的層面上獲得了證明。

人的可能性究竟可以拓展到什麼程度？凡是在人的頭腦裡出現「想要這樣做，想做成這樣」的願望時，從遺傳基因層次上講，這種願望大體上都在可能實現的範圍之內，就是說我們人具備把自己的想法變為現實的潛在能力。不過，志向高遠固然重要，但要實現它，卻需要一步一個腳印、踏實認真的努力。

當京瓷還是街道工廠時，面對不到百人的員工，稻盛反覆訴說「豪言壯語」——一定要把公司辦成世界第一的公司！在當時這或許是遙遠的夢想，但同時又是我心中懷抱的非實不可的願望。

但是，眼睛可以眺望高空，雙腳卻必須踏在地上。夢想、願望再大，現實卻是每天必須做好單純、甚至枯燥的工作。在昨天的基礎上前進一毫米、一厘米都要揮灑汗水，把橫亙在面前的問題一個一個地解決。

「每天重複這瑣碎的工作，成為世界第一要等到何年何月？」

夢想與現實之間巨大的落差常令人煩躁不安。然而，人生就是「今天」的不斷積累，就是「現在」這一刻的不斷延續，如此而已。

此刻這一秒的積累就是一天，今天這一天的積累就是一周、一月、一年。當意識到的時候，我們已經登上了原以為高不可攀的山頂——這就是我們人生的狀態。

即使你急功近利，明天也不可能跨越今天提前到來。到達你嚮往的目的地，沒有「一跨千里」即刻可到的捷徑。千里之行，始於足下。要實現遠大的理想，只能靠一

步一步、一天一天踏實努力的積累。

然而，不錯過今天，認真工作就能看清明天，明天再認真工作就能看清後面的一周，一周認真工作，就能看清後面的一月……就是說，即使你不去探索遙遠的將來，只要全神貫注於眼前的每一個瞬間，以前看不清楚的未來的景象就會自然地呈現在你的眼前。

像龜兔賽跑一樣，稻盛自己就是這麼一天一天踏踏實實走過來的。

與其莫名其妙為明天而煩惱，與其苦思冥想去制定長遠的計劃，還不如全力過好今天這一天。這才是實現理想最切實的方法。

稻盛說才子往往忽視「今天」，因為才子自恃才高，憑著對前景似是而非的理解，就厭煩像烏龜那樣認真過好每一個今天，總想如兔子般尋找最短距離。但過於急功近利，就往往會在意料不到的地方駐足不前。

迄今為止，不少優秀聰明的人投奔到京瓷的門下，但偏偏就是這些人，據說因為看不到公司的前途而辭職。結果留下來的，不少是頭腦不夠靈活、平凡、連跳槽也缺乏自信的「庸才」。但是，過了十年、二十年，這些「庸才」居然成了各部門的骨幹乃至領導階層。

究竟是什麼讓他們從平凡變為非凡的呢？是不厭其煩、默默專注於一件事情的力量，是拚命過好「今天」的力量，是將「今天」不斷持續的力量。換言之，將平凡變為非凡的就是這個「持續」。不選擇捷徑，一步步、一天天拚命、認真、踏實地工作，積以時日，夢想變為現實，事業獲得成功，這就是非凡的凡人。

稻盛年輕時，因為繁忙有時會站在走廊裡同部下交談。那種情況下的對答，後來往往成了問題：部下說確實跟他講過；他卻說沒有聽到——有過幾次這種經驗之後，他一概取消了在走廊裡聽取部下報告的談活方式。

有話要說，有事要談，可以在房間裡或辦公室一角進行，總之要在注意力能夠集中的地方。做某件事時又隨意聽取部下的報告，這類輕率的行為，他嚴格要求自己。

所謂有意注意，打個比方，類似於使用錐子，錐子能將力量集中在它尖端一點上，從而有效達到目的，其特點就是「集中力」。像錐子一樣，把全部力量集中於一個點上，就能把事情辦成。

所謂集中力，來自於思考的強度、深度、大小程度。要想做成一件事，強烈的願望、認真的思考是起點。這種願望、思考強烈的程度、持續的長度，以及在實現過程中貫徹的認真程度，是一切成敗的分水嶺。

2．今天要比昨天好，明天更要勝過今天

人的一生要度過許多的「今天」，可以說，這樣的每一天都是組成人生的基本構件。然而看似簡單的人生卻常常會在迷惑中度過。尤其是對那些認真工作的人來說，這樣的迷惑或許就更深些。他們會思考自己究竟為了什麼去從事這項職業，不斷思索勞動的目的，思考工作的意義。也許越是苦苦思索，越是不得其解。

就連稻盛和夫也深陷在這個謎題之中。

在稻盛畢業後上班的第一家公司，他反覆進行著有成功也有失敗的實驗。當時在無機化學研究的同齡人中，有人赴美留學，拿著豐厚的獎學金；有人在知名的大企

業，用最領先的設備進行最尖端的實驗；稻盛和夫在這麼一個瀕臨倒閉的企業裡，日復一日地用簡陋的設備做著混合原料粉末的工作。

也許一般人解決問題的方法是和自己說：要有遠見，向未來看吧。也就是說，不要將自己的目光停留在眼皮底下，而要從長遠的角度展開自己的人生藍圖，而眼前的工作只是這長期規劃中的一個環節。

然而，稻盛採用了一種與之相反的看法。他從短期的觀點來看，不再癡迷於不著邊際的遠景，而只是留神眼下的事情，於是擺正自己對工作的態度。

他給自己定下規矩：今日事今日畢，今天的目標今天一定要完成。工作的成果和進展以一天為單位區分，然後切實完成。

在每一個「今天」中，前進是最低限度，無論這一步是大是小，總要向前推進。同時，要反思今天的工作，以便為明天總結出一點經驗或教訓。為了達到目標，不管天氣多麼惡劣，不管境遇多麼艱難，稻盛都全神貫注，全力以赴。一天，一個月，一年過去了，五年，十年，他始終鍥而不捨。直到今天，他踏入了當初根本無法想像的境地。

就這樣，奔著「今天」的目標去，讓每一個「今天」都沒有虛度的遺憾，每天獲得積累。今天比昨天更好，明天又比今天好。將今天一天作為「生活的單位」，天天精神百倍，日復一日，拼命工作，以這種踏實的步伐，就能走上人生的王道。

所謂未來是每一個「今天」的累積。因此稻盛主張人們在建立未來的目標時，要設定高於自己能力的目標，然後不遺餘力地工作，去實現這個目標。要下定決心去完成今天自己「不能勝任」的目標。

想盡方法提高自己的能力，哪怕每天只有一點點進步，以便在「未來這個時點」實現既定的目標。如果只用自己現今的能力來判斷決定能不能做，那麼，就沒有挑戰新事業，或者實現更高的目標的可能性。人的能力像黃金一樣，有著良好的延展性。基於這一點每個人都應該面向未來，去描繪自己想過什麼樣的美好人生。

稻盛和夫曾說，很多人在工作和生活中，很輕率地對自己不自信，匆匆下結論說：「不行，我做不到。」——就是因為他們僅以自己現有的能力判斷自己，而忽略了自己未來的潛能。

實際上，大家今天所做的工作，可能正是幾年前看來自己無法勝任的。可是對今天的你來說已經輕而易舉，因為你已經駕輕就熟了。人要堅持每一天的進步，在各個方面都如此。不能抱有「我從沒學過，沒有知識和技術，所以我做不來」的想法。而是應該這樣思考：「我沒有學過，沒有知識和技術，但我有足夠的幹勁和信心，所以在若干年後的今天一定能行。」而且就從今天開始，努力學習，汲取知識，熟練掌握技術。不遠的將來我身上的能力一定能有所增長。

3．描繪夢想，使人生飛躍起來

在企業的經營管理中，稻盛經常鼓勵自己的員工要「胸懷大志，充滿夢想」。在稻盛看來，滿懷激情與夢想，才能實現精彩人生。

現實生活中，很多人都把夢想和希望視為虛無縹緲的空談，他們感覺生活上的瑣事已經讓自己疲憊不堪了。可是稻盛卻不贊同這個觀點，他認為今天自己所取得的成就，離不開年輕時擁有的強烈願景和高遠目標。

稻盛曾經說過，「能用自己的力量去創造自己美好人生的人，一定擁有超大的夢想和超過自身能力的願望」。在京瓷公司創業之初，稻盛就懷著「希望這個公司成為世界第一大陶瓷公司」的大志，雖然，當時看來這僅僅是個空幻的夢想，既沒有具體的戰略，也沒有確實的計畫。但是，稻盛依然會在聯歡會等各種場合上說起這個夢想。久而久之，他的「願望」也成為全體員工的「願望」，並最終開花結果了。

當然，夢想越大，離現實的距離就會越遠。稻盛始終堅信，只要我們不斷想像實現夢想時的情景，直到可以清晰地看見成功後的種種景象，那麼，我們就在一步步地接近成功。當我們樹立了長遠理想，擁有了強烈的願望，創意的心就會緊隨其後。我們會不知不覺地從日常生活中得到啟發，從一些別人可能忽視的細節和小事中，冷不丁地就閃爍出靈感的火花。

生活中，面對困境，我們常常會有走投無路的感覺。但請不要氣餒，給自己一個大膽的夢想吧，有了夢想和希望，我們才會有堅持下去的動力和勇氣。即使前方還是困境，相信希望就在不遠的拐角處。只要我們有了正確的思路作為引導，就一定能少走彎路，找到出路！

稻盛告誡我們，無論多麼遙遠的夢想，只要內心強烈地祈求，那麼我們就一定能夠成功。當我們把夢想祈禱、祈禱、再祈禱，直到滲透到潛意識中去的時候，夢想本身就是行動的一部分了。稻盛和夫正是通過這種強烈的願景和持續的努力，才把虛幻的夢想一個個地變成了現實。

有長遠理想的人往往能夠成就「難以完成」的事業。為了財富的累積，他們無時無刻不在追逐著自己的理想。如果沒有夢想，人的創造性就無從談起，從而也無法獲得成功。通過描繪夢想、你才會銳意創新、不斷努力，人格才能夠得到不斷地磨煉。就像稻盛和夫所提倡的一樣——有創意的心追隨的是長遠的理想。

稻盛告誡年輕人，無論多麼渺小的工作，都要抱著問題意識，採取積極的態度對現狀進行改良。他斷定，能堅持這麼做的人和缺乏這種精神的人，假以時日就會產生驚人的差距。

只要我們在每天的工作中時刻思考著「這樣做是否可行」，帶著「為什麼」的疑問，今天勝過昨天，明天勝過今天，持續不斷地對工作進行改善與改良，最終一定能取得出色的成就。

稻盛的成功並非一蹴而就，他認為，人生只能是「每一天」的積累與「現在」的連續。此刻的這一秒鐘聚集成一天，這一天聚集成一周、一個月、一年，等你發覺時，已經站在了先前看上去高不可攀的山頂上，這就是我們人生的狀態。

我們完全有可能在平凡的工作中點燃自己工作的激情。如果把工作看作是創造力的表現，那麼一個教師就會以導演的熱情講好每一堂課；一個記者就會以探索的視角去看待所報導的新聞事實；一個廚師就會以藝術家的執著去配置一流的拼盤。只要我們學會從工作中去尋找樂趣，並且全心全意地投入工作，就可以不斷創新，實現飛躍性的進步。

4・熱愛工作，才能產生人生的動力

美國石油大王洛克菲勒在給兒子的一封信中寫到關於「天堂與地獄比鄰」的觀點，尤其是信中洛克菲勒關於工作意義的精妙表述，不禁讓人震撼。「倘若你視工作為一種樂趣，人生就是天堂；抑或你視工作為一種義務，人生無疑就是地獄。」

在稻盛和夫看來，有很多人是在不明白工作真諦的前提下，被動去進行自己的工作，因此常常感到煩惱、失敗和困惑。通過總結自身多年的工作經歷，稻盛和夫堅定地認為，試若改變態度，再全心地更積極地投入現在的工作，如果能夠達到忘我的境界更好，如此一來，不但可以克服苦難和挫折，而且能夠開拓出一片光輝景象。

靈魂有可能得到磨礪而昇華，也有可能產生污點，這都取決於「人生態度」。由於所選擇人生的度過方式不同，人的精神既可能因此而變得高尚，也可能因此而變得卑鄙。

有不少世間的英才因為沒有一個好的心態而誤入歧途。才智越是出類拔萃，就越

是需要指標來正確指引方向。該指標就是理念、思想或是世界觀。

你在工作中快樂嗎？許多人在工作中存在這樣的困擾。誠然，大部分工作是枯燥無趣的，想想下面的這些工作吧，也許你會明白很多事情：

1. 高速公路的收費員：一天都是面對一個小窗口，把一張卡片送出去，要持續好幾年。
2. 學校食堂廚師：常年在燒雞腿，燒一年。
3. 銷售部門：產品滯銷，八點上班來就站在店裡，一個人，坐到晚上六點，今天沒有一個人來，和昨天一樣。
4. 作家：交稿期要到了，還沒有靈感，兩個星期沒吃早飯了。
5. 公司職員：晚上加班到夜裡兩點，第二天還要九點準時去上班。而且路上乘車還需要一小時，這樣已經兩個月了。
6. 外科醫生：剛剛睡著，立刻被叫醒去做一個5小時的大手術，這樣至少一週一次。
7. 寵物商店店員：生意不好，還要一早就過來聽著30隻貓吵架、20條狗的叫聲——聽一整天，聽一整年。

可見，工作不是玩樂，各有各的辛苦。但如果工作不是你所熱愛的，就試試改變心態，快樂地工作，堅持下去，就會在工作中得到樂趣，逐漸變成主動從工作中尋找樂趣，從尋找樂趣漸漸地會變成熱愛工作。在工作中最大的收穫就是得到了充實、滿足的感覺。

首先要調整好自己的心態。每個人的職位不同，待遇不同，工作心態也有所不同，但一定要調整自己的心態，不管你多麼不喜歡這個職位，多麼不滿意現有的待遇。良好的心態會使平凡的工作充滿樂趣，哪怕在工作中遇到困難和挫折，也會很快走出失望的陰影。只有這樣才能以一個良好的狀態迎接新的機遇與挑戰，工作和生活會更加充實、愉快。所以，不管你在何時，職位發生什麼樣的變化，都要調整好自己的心態，才能淡泊名利，把所有的精力放在做好本職工作上。

一陣暴風雨過後，天氣逐漸轉晴。一隻被風雨擊落的蜘蛛艱難地向牆角已經

支離破碎的蜘蛛網爬去。然而，被雨水澆濕的牆壁變得異當光滑，蜘蛛在潮濕的牆壁上艱難地爬行：當它爬到一定的高度時，就會突然掉落下來。但是蜘蛛並沒有因此而放棄，它還是一次次地向上爬，又一次次地掉下來……

這時，有一個人從牆邊慢悠悠地走過，當看到這種情形時，不禁聯想到到了自己的一生。他歎了一口氣，自言自語道：「我的一生不正如這隻蜘蛛嗎？一次次地失敗，還這樣固執地從頭再來，只是這般忙忙碌碌而無所得，又有什麼作用呢？」於是，他日漸消沉，對生活徹底喪失了信心。

第二個人看到了這個場景，很遺憾地說：「這隻蜘蛛真是愚蠢啊，為什麼不從旁邊乾燥的地方繞一下爬上去呢？不僅省時間，還省力氣。我以後可不能像它那樣愚蠢，一定要學會走捷徑，這樣才能活得瀟灑啊！」

後來，他變得更加聰明起來，懂得從側面來思考問題。第三個人被蜘蛛屢敗屢戰的精神感動了。「儘管是一隻小小的蜘蛛，卻具有一種不屈不撓的生活態度。」他這樣想。於是，他變得更加堅強起來。

悲觀的人，輕易便被失敗打倒，因為他們看不到生活的積極面，結果只能是自甘消沉；擁有良好心態的人往往更容易成功，因為他們懂得思考，善於吸收優點，自然會走上成功的道路。培養良好的心態，將使你緊隨成功的步伐向前邁進。

稻盛和夫說，一個良好的態度同樣會激發我們對於工作的責任心。在工作中需要責任心，因為這樣一個人才會去想方設法幹好自己的本職工作。每個人扮演著不同的角色，不同的角色擔負著不同的責任，人人都有自己的責任。

比如說工作在車間的工人，在開動機床開始工作時，其實就已控肩負起許多責任了。要對自身的安全負責，要對家庭、對企業負責等，一旦出了事故，給家人、企業帶來的傷害是不可估量的。所以說對於所有員工來說，在工作中樹立責任心，就是成就事業的基礎，也是搞好工作的前提。

如果一個人對工作的態度沒有調整好，自然就沒有責任心，那麼，他在工作中也不會有多大的成就。

好心態會使人對未來的工作充滿信心。有了信心，做起事來才會有幹勁，才會產生無限的激情。其實，仔細想想，在如今這個競爭激烈的社會，能在其中佔有一席之

地，擁有一份穩定的工作，已經是相當的幸運了。

5．與其尋找喜歡的工作，不如先愛上已有的工作

稻盛和夫在創建京瓷以前，每當繁忙的工作之餘比如星期日，有時會和關係親密的女孩子約會。看完電影之後，稻盛送她回家。本來有電車可以搭乘，但是稻盛和夫好幾次提議提前一站下車，和女孩邊走邊談心，走了很久一段時間才把她送回家。其實當時稻盛總是工作到很晚，也很辛苦，但是多走的一段路程卻一點也不覺得疲勞，反而覺得很愉快。

人就是這樣一種神奇的動物，對於自己喜歡做的事，再苦再累也毫無怨言，能夠欣然接受。而做好任何一件事達到成功的條件，就是承受辛苦、付出不懈的努力。喜歡自己的工作是非常關鍵的前提，因為僅僅這一條就可以決定人一生的成敗。

人們都希望擁有一個充實完美的人生，擺在我們面前只有兩種選擇：一是「找到

自己喜歡的工作」，第二個則是「喜歡上已有的工作」。一個人喜歡的工作可能只有那麼幾種，而能夠碰上自己感興趣的工作的概率，連「千分之一」、「萬分之一」的概率也沒有。況且，即使幸運地進入了自己心儀的企業，但是要能被分配到自己所期待的崗位、從事自己喜歡的工作，這種機會幾乎不存在。所以說，大部分初出茅廬的新人，必須從「自己不喜歡的工作」開始。

但是，大多數人都抱著勉強接受、不得不去做的消極態度對待自己不喜歡的工作。因此對自己當前的工作總是感到不稱心，於是滿腹怨言、怪話連篇。日復一日，本來潛藏著無窮潛力、前程似錦的人生只會變得越來越暗淡。

對工作的熱愛促使一個人幹好自己的工作，而也能從中體會到工作帶給自己的快樂和充實。工作給他們帶來榮譽感、成就感，但有時也會讓他們傷心和沮喪。但只要一如既往地熱愛工作，充滿熱情地去完成工作，用生命去做工作，去包容工作中的一切困難，就一定能獲得事業上的建樹和成功。

把自己從事的工作當成自己的天職，這種積極健康的心態非常重要。如果不肯拋棄「工作是別人強加於我的」這種消極意識，那麼工作只會給你帶來更多的痛苦。這

樣就無法從工作的「苦役」中解脫出來而愛上眼前的工作。

與其苦苦尋找自己中意的工作，不如先喜歡上自己得到的工作，凡事腳踏實地，一切從眼前開始努力。也許喜歡的工作，往往就像一座空中樓閣，美麗卻不太實際。而自己得到的工作就像一座真實存在的房屋，雖然簡單卻能遮風擋雨，可以一點一點去修整完善它。

在成長的過程中，你是否有這種感覺？滿懷激情和夢想來到工作崗位，經歷了許多挫折磨難。每天朝九晚五，拼命地工作，但漸漸地，突然感覺那曾經的朝氣和夢想已不復存在，工作並不是自己所喜歡的，每天沉重而痛苦。

只有愛上自己的工作了，才能不辭辛苦，不把困難當困難，全心全意地埋頭工作。這樣一來，自然而然就能獲得發自內心的力量，長此以往，就一定能做出成績來。有了成績，才能獲得大家的讚揚。獲得了大家的讚揚，才會更加喜歡工作。正面循環就這樣被激活了。

想讓自己的工作結滿碩果，首先必須要愛上工作，除此以外別無他法。在西方國家，敬業是一門必修課。幾乎每個職場新人在得到一份工作之後，先要學會尊重自己的崗位，熱愛自己的職業。

曾有人說過，工作是我們賴以為生的基石，沒有這塊基石，我們的生活就無從談起，我們人生的夢想更無從實現。是的，工作是需要人們竭盡全力、用生命去做的。人們應該滿懷著尊重和熱愛的心情，盡自己的努把工作做到完美。

6・人潛在的力量會創造自身的偉大

日本筑波大學教授村上和雄曾經簡單明瞭地解釋了「火災現場的異常力量」。這種力量是人們在極限狀況下爆發的力量，而在平常狀態下卻處於「休眠」狀態。由於人類遺傳基因的功能通常都處在關閉狀態，這個開關一旦被打開，那麼潛藏的能量就會被發揮出來了。

當潛在能力變成打開狀態時，積極的思維、正面的想法等向前的精神狀態將會發揮很大的作用。在遺傳基因層次上得到了證明：思想的力量使人類的潛能幾乎可以盡

可能地擴大。

一般來講，在人們頭腦中所希望實現的事情，基本上大多數願望都屬於通過一定的努力可以實現的範圍。簡言之，每個人的頭腦裡都隱藏著實現願望的潛力。

金山武雄在《像外行一樣思考，像專家一樣實踐——科研成功之道》裡面提到「思維體力」的概念。其實所謂思維體力，就是指能夠持續集中注意力的時間，注意力的高度集中造就非凡專家，天才來源於長期的專注的訓練。雖說樹立崇高的個人理想是重中之重，但是朝著目標一步步邁進的艱難漫長的過程卻是更為關鍵的，這與勤奮努力是不可分割的。

堅持不懈的恆心是成大事者的可貴品質。每個人都有自己的理想，可是卻並不是誰都能堅持自己的理想一路走下去。只有善始善終的人，才最有可能實現自己的夢想。少年時候的拿破崙就有這樣堅持不懈的毅力。

稻盛和夫曾說，他本人並不器重才子，曾有很多優秀且聰明的人才進入京瓷公司，但正是這些優秀的人才認為公司沒有前途，紛紛跳槽；所以迄今為止，留下來的那些都是當初平凡的、不太聰明的、無跳槽才能的，甚至是被認為愚鈍的人才。但是在10年、20年後的今天，這些曾經愚鈍的人才都已經晉升為各部門的領導。是什麼讓愚鈍者變成了非凡的人物呢？孜孜不倦、默默努力的力量是解開平凡魔咒的秘訣，亦即腳踏實地地走過每一天，每天堅持積累，使得平凡變成非凡。

約翰和湯姆從小一起玩耍，一起上下學，住在同一個街區。約翰是個極其聰明的孩子，大家誇他天資過人，學什麼一點就通，在學校名列前茅。他自己也感到驕傲。相反，湯姆在約翰的對比下則顯得有點愚鈍。儘管湯姆非常用功，但學習成績卻不是很盡如人意。因此他時常流露出自卑的情結。

湯姆的母親卻一如既往地鼓勵他說，在開始時，有些駿馬遙遙領先，但最終抵達目的地的，卻往往是駱駝。如果你能不斷努力，就能夠實現最終的夢想。

後來，湯姆母親的話被事實一一印證。聰明的約翰一生業績平平；而愚鈍的湯姆，卻不斷地努力，成就了一番事業。

約翰死後的靈魂飛到天堂，質問上帝：「我遠比湯姆聰明，應該比他更出眾，可為什麼他成了成功者呢？」

上帝笑著回答說：「我把每個人送到人世間，在他生命的『褡褳』裡放了同樣的兩件禮物——『聰明』和『努力』。只不過你把『聰明』放到了『褡褳』的前面。你因為常常看到『聰明』而欣喜，卻忽視了『努力』，所以一生沒有什麼成就！而湯姆卻把『努力』放在『褡褳』前面。他把自卑，轉變為努力，所以他能夠成就輝煌。」

如果聰明人依仗自己的小聰明而不付出努力，就會逐漸變得平庸；如果愚鈍的人總覺得自己不夠聰明而刻苦努力，就會逐漸變成非凡的人。

7．一天到晚只會混日子的人，是社會的敗家子

工作是一個人生命的重要歷程，是上天賦予每個人的使命，是人類幸福和歡樂的源泉，它和所有有價值的事情一樣，值得我們用一顆真誠的心去對待。只有敬畏自己

的工作，熱愛自己的工作，才會覺得自己的工作具有神聖感和使命感，才能真正理解生命的意義，才能獲得偉大的成就。

誠然，一開始就被命運眷顧，碰到合適而且自己又喜歡的工作的人是存在的，但是，大多數人沒有這種運氣。只能從「自己不喜歡的工作」開始。人面對自己不喜歡的工作，最初的心理狀態莫過於勉強接受、抵觸、排斥、滿腹牢騷，沒有激情和熱情，更不能全身心地投入，自然也談不上充實、開心，也不會有什麼作為。本來憧憬的前程似錦的人生只能變成空談。

稻盛和夫認為，一個人的心態改變了，自然就會改變做事的方式。只要喜歡了，就能不辭辛勞，不把困難當困難，一心一意埋頭工作，自然就能獲得力量。有了力量，就一定能做出成果。有了成果，就能獲得大家的好評。獲得好評，就會更加專歡工作，這就是一個良性循環的開始。

人在面對不得不做的事情的時候，以一種應付的心態去做，是毀滅；而在不得不做的時候能夠做好，那就可以被稱作勇敢了。在這個競爭激烈的社會，人們沒有太多選擇的機會，當面對一份不喜歡但又不得不做的工作時，必須學會熱愛它，才能使自

己獲得真正的解脫，才能一步步靠近自己的目標。

美國獨立企業聯盟主席傑克・法里斯，13歲時開始到他父親的加油站裡幫工。法里斯想學車，但是他父親卻讓他在前台接待顧客。

每當車子開進來時，法里斯必須在車子停穩之前就站到車的跟前，去檢查油星、蓄電池、傳送帶、水箱。法里斯同時注意到，如果他幹得很好，顧客還會再來。法里斯就總是設法多幹一些，幫助顧客擦去車身，擋風玻璃和車上的污漬。

法里斯幹了一段時間，但總是重複同樣的工作，他開始變得不耐煩，於是向父親說出了自己的想法。

父親告訴他：「孩子，記住，這是你的工作，只要真心熱愛你的工作，你就不會有稀奇古怪的想法了。」

法里斯受到了觸動。他後來說道，正是加油站的工作使他學會了如何對待自己的工作，這些觀念對他以後的職業生涯都起到了非常重要的作用。

這個故事印證了蘇格蘭哲學家所說的一個道理：有事做的人是幸運的……當一個人運的……當一個人的精神傾注於某項工作時，他的身心會形成一種真正的和諧，不管是多麼卑微的勞動。

大多數情況下，我們必須積極培養對工作的興趣，積極、敬業，才會從工作中得到愉悅，也才能把工作做得有聲有色，從而在激烈的競爭中脫穎而出。

人就是這樣，對於自己喜歡的事情，再辛苦也無怨言，也能忍受。而只要忍受艱苦、不懈努力，任何事情都能成功。稻盛和夫總結說，僅僅喜歡工作這一條，就能決定一個人的一生。

8．工作才能創造一個人的價值

稻盛和夫認為，每個人或多或少地都有著過上不勞而獲的安逸生活的欲望，這種想法的本質就是蔑視勞動，忽視了工作是生命的重要歷程。勞動是生活的重要組成部

分，高尚的勞動應是值得人們信仰的，也是人生的目的。只有辛勤地工作，才能證明人生的價值。

稻盛和夫說，勞動的目的不應僅止於取得糧食，免予饑餓，也是為了磨煉人的心智。如果每個人都能勤奮努力，就能夠培養出美好的心智，讓人類變得更完美。勤奮的勞動可以鍛煉頭腦，培養心智，這也是達到開悟之前的必經過程。總之，勤勞工作的人不但能夠得到足夠溫飽的生活，也可以抑制多餘的欲望，並磨煉進化自己的頭腦和心靈。

而勤奮是保持高效率的前提，只有勤勤懇懇、扎扎實實地工作，才能把自己的才能和潛力全部發揮出來，在短時間內創造出更多的價值。一個缺乏勤奮精神的人，只能觀望他人在事業上不斷取得成就，而自己卻只能在懶惰中消耗生命，甚至因為工作效率低下而失去了謀生之本。

日本「推銷之神」原一平，身材瘦小，相貌平平，這些足以影響他在客戶心目中的形象，所以他起初的推銷業績並不理想。原一平後來想，既然我比別人存在一些劣勢，那只有靠勤奮——彌補它們。為了實現力爭第一的夢想，原一平全力以赴地工作。早晨5點鐘睜開眼後，立刻開始一天的活動；6點半鐘往客戶家中打電話，最後確定訪問時間；7點鐘吃早飯，與妻子商談工作；8點鐘到公司去上班；9點鐘出去行銷；下午6點鐘下班回家；晚上8點鐘開始讀書、反省，安排新方案；11點鐘準時就寢。這就是他一天的生活，從早到晚一刻不閑地工作，把該做的事及時做完。他最後也因此摘取了日本保險史上「推銷之王」的桂冠。

命運掌握在勤勤懇懇工作的人手上，所謂成功正是這些人的智慧、和勒勞的結果。即使他的智力比別人稍微差一些，但他的實幹也會在日積月累中彌補這個弱勢。

勞動豐富了人們的生活。在勞動的環境中，人們實現了彼此之間的交流，從勞動的成果上，得到了更大的滿足，比如受到重視，尊重，贊許所帶來的心情滿足。而現在的年輕人時常會覺得空虛，實際上就是沒有真正領悟勞動的意義。「勞則思，逸生淫」，說的就是勞動會迫使我們思考，學習有利於社會的發展、進步，而求安逸的結果就是社會淫亂產生的重要原因之一，另有一句話——「飽暖思淫欲」，說的也是同樣道理。

紐約市市長布隆伯格在紐約市立大學二〇〇七年畢業典禮上送給畢業生的「金玉良言」是：「成功的秘訣其實很簡單，就是，你要比別人付出更多去打拼。如果你比辦公室裡所有同事都早到，比他們都晚退，而且一年三百六十五天沒請過一天病假——你就一定會成功！」

聽了這段話，可以看到一些成功人士對勤勉的認識，同時也感受到只有辛勤的勞動才能使人生的價值得以實現。

要想成為優秀員工，首先就要比別人付出更多，一個人獲得的任何東西都是他事先付出的回報。在付出時越是慷慨，得到的回報就越豐厚，這是公平的遊戲規則。身為公司的一員，只有捨得多下功夫，比別人付出更多的辛苦勞動，才能為自己所在的企業或部門做出成績。只有做出大成績，才能得到上司的嘉獎和讚揚，才能得到更多的提升機會，才能更進一步實現自己的夢想。

第六章

人生的魅力＝用熱情和執著，朝目標大步前進

1．用「喜歡」點燃你的熱情

成就事業需要「自燃型」即自我燃燒型的人。

稻盛和夫用「自我燃燒」這句話來表達。

物質有三種類型：

一、點火就能燃燒的可燃性物質；

二、點火也燃燒不起來的不燃性物質；

三、靠自己就能燃燒的自然性物質。

人的類型也一樣。有的人沒有任何周圍的督促，他自己就能熊熊燃燒，但還有一種人很冷漠，或者很麻木，即使給他能量他也絕不燃燒，屬於不燃型的人。這種人往往有能力卻缺乏激情，以至將自己的能力埋沒。

作為組織而言，不歡迎不燃型的人，因為他們自己冷若冰霜不說，有時還會奪走周圍人的熱量。所以稻盛常對部下說：「公司不需要不燃型的人，希望大家都成為自燃型的人，至少要成為可燃型的人，當自燃型的人接近你時，大家能一起燃燒。」

能做成事情的人，他們不僅自我燃燒，而且其能量還可與周圍人分享。他們富於能動性和積極性，不是別人說了才幹，不是等上司來了命令才動手做事，在別人吩咐之前，他們就主動帶頭行動，成為眾人的模範。

那麼，怎樣才能成為自燃型的人呢？要獲得自燃型這種特質該怎麼辦呢？最好最有效的辦法就是「喜歡自己的工作」。「要把事情做好需要很大的能量，而這種能量要靠自我激發、自我燃燒才能產生。自我燃燒最好的辦法就是喜歡自己的工作。無論什麼工作，只要全力以赴把它做成，就會產生成就感和自信心，產生向新目標挑戰的渴望。在這過程中就會更加喜歡自己的工作。在這樣的精神狀態之下，再努力也不覺得苦，就能做出了不起的成績。」

就是說，「喜歡」就是最大的動力。意願、勤奮以至成功，這一切都產生於「喜歡」這個母體。

俗話說，「有情人相會，千里不過一里」，「愛好才能變能手」。只要喜歡、熱愛，熱情自然湧出，努力也不在話下，就會進步神速。旁人看來你很辛苦，但你自己根本不覺得苦，反而樂在其中。

稻盛因工作繁忙很少在家，鄰居會關切地問他妻子：「你丈夫多晚才回家啊？」連鄉下的父母也來信勸告：「那麼拼命，會把身體累垮的。」但他本人卻覺得沒什麼，因為喜歡才幹，所以不但不覺得辛苦，甚至連疲倦的感覺都沒有。

實際上，缺乏對工作高度的熱愛就不可能取得卓越的成果。無論哪個領域的成功人士都喜愛甚至迷戀自己的工作。可以說，徹底地喜歡自己的工作是通過工作豐富自己人生的唯一的方法。

稻盛和夫創建京瓷後，一直以一種過人的膽識和氣魄開發新產品，不斷挑戰著事業的新目標和新高度。他說過：「京瓷接著要做的事，又是人們認為京瓷肯定做不成的事。」

曾榮獲新聞界最高榮譽——「普利茲獎」的美國著名記者戴維・哈爾伯斯坦先生

就引用過稻盛的這句話。戴維先生在他的著作《下一個世紀》中，專門開闢了一個章節，來講述了京瓷和它的創業者——稻盛和夫的故事。

據稻盛和夫說，他回顧自己至今經過的人生，凡是那些人們用慣的方法、走爛的路，他一概不去做，因為這實在沒有什麼意義。稻盛是這樣說的，也是這樣做的，敢於走別人沒有走過的路，一直到今天。當然，選擇這樣一條道路，勢必不會那麼一路順風，甚至充滿了崎嶇和艱辛。

然而，稻盛卻憑藉著自己堅強的意志，義無反顧地踏上了那條人跡罕至的泥濘小路，平整寬闊的大道是大家都想走的、都在走的路。選擇大多數人想走的路，走著大多數人正在走的路，這樣的人生軌跡又有什麼趣味和意義呢？只知道步別人的後塵，就只能永遠走在別人後面，無法開拓新的事業。

是的，涉足不曾有人走過的新路，雖然過程中舉步維艱、處處艱險，卻可以在不經意間欣賞到很多別處沒有的風景。一路走來，結果往往是成績卓然、成果頗豐，它可以通向難以想像的未來，那裡另有一番光明燦爛的景象。

從京瓷艱難創業那天起，稻盛孜孜不倦地投入到產品的研究上去，充分利用了所

謂新型陶瓷的特性，頻頻向更廣泛的事業領域不斷挑戰，勇攀高峰。從產業使用的陶瓷零部件到半導體電子封裝零部件，從太陽能發電系統到行動電話和影印機等，隨後又跨行業涉足通信事業以及賓館事業等。這條路正是稻盛一點一點自行摸索出來的。

堅持每一天都有新的創造，哪怕是微不足道的一點，這樣的進步若能經過十年的累積和歷練，就一定可以迸發出巨大的能量。

敢於創新，不走前人的老路，稻盛常用「掃地」作為例子。

比如說，以往打掃車間廠房都是從右往左掃。那麼，今天嘗試一下從四個角落向中間打掃效果如何？

或者不光用掃帚打掃，使用拖把會怎麼樣？如果清潔效果還不理想，可以試著向上司提個建議，為公司買進一個吸塵器好不好？雖然吸塵器比較貴，但從長遠角度看，可以節省很大一部分人力。再或者進一步，自己開動腦筋改良一下吸塵器的裝置，提高它的效率，使它清潔起地面來又快又乾淨，如何？

這樣的話，掃地這麼小的一件事，只要肯下功夫和力氣，就可以有很多快捷有效的方法。就這樣，帶著創新精神去工作，長此以往，你就成了掃地專家，會受到車間同事們的讚揚。這時你的領導很有可能把整幢大樓的清掃工作交給你負責。時間一長，你完全有能力和實力創立一個專門清掃大樓的專業公司，並讓這個專業隊伍不斷發展壯大。

而事實上，有很多人會認為自己「不過是個掃地的清潔工」，懶於進取、漫不經心。那麼這樣的人就絕不會有所長進，多少年之後還是老樣子，仍然磨磨蹭蹭，用掃帚從右往左打掃著地面。

這只是一個簡單的小例子，其實工作和生活中應該有氣魄去走一條新路，憑藉自己的創造去進行每一天的積累。

無論所從事的崗位是多麼渺小，都帶著積極的態度去完成工作，帶著問題意識，對現實狀況開動腦筋去改良或改革方法，可以提高工作效率，長期堅持便是一條成功之路。有無這種精神很可能是成功與失敗的分水嶺。

選擇一條別人沒有走過的路，發揮你的創造力，並不斷加以堅持，這便是成功之路的開端。

2．年輕時的苦難，即使出錢也要買

認真工作能扭轉人生，話雖這麼說，但稻盛說他本人原本也不是一個熱愛勞動的人，而且曾經一度認為，在勞動中要遭受的苦難考驗簡直是難以接受的事。

在稻盛孩提時代，父母常用鹿兒島方言教導他說：「年輕時的苦難，即使出錢也該買。」那時的稻盛還只是一個不知輕重、出言不遜的孩子。每當這時，他總是反駁道：「苦難？能賣了最好。」

通過辛勤的勞動可以磨煉自身的品格，可以修身養性，這樣的道德說教，稻盛也同現在大多數年輕人一樣，曾不屑一顧。但是稻盛大學畢業後，就在京都一家瀕臨破產的企業「松風工業」就職。不久，這個年輕人的這種淺薄幼稚的想法就被現實徹底地粉碎了。

當時的松風工業狀況相當不佳：業主家族內訌頻繁不斷，勞資爭議不絕於耳。有一次稻盛去附近的商店購物時，商店老闆還用同情的口氣對他說：「你怎麼來這兒了？在那樣的破企業工作，以後找不上老婆啊！」

很自然，與稻盛和夫同期入社的員工，一進公司就覺得「這樣的公司令人討厭，我們理應有更好的去處。」於是，大家聚到一塊兒時就牢騷不斷。

當時正處於日本的經濟蕭條時期，稻盛也是靠老師的介紹才好不容易進了松風工業，原本應心懷感激之情，情理上就不應該說抱怨公司的話了。然而，當時的稻盛年少氣盛、心性高傲，早把介紹人的恩義拋在腦後，儘管自己對公司還沒做出過任何貢獻，但牢騷話卻比別人還要多。

稻盛進入公司還不到一年，同期加入公司的大學生們就相繼辭職離開了，最後留在這家公司的除了稻盛之外，還有一位九州天草出身的京都大學畢業的高才生。兩個人商量過後，決定去報考自衛隊幹部候補生學校，結果兩個人都考上了。

但入學需要戶口簿的複印本，於是稻盛寫信給在鹿兒島老家的哥哥，請他寄來複影本，但等了好久毫無音訊。結果是稻盛的那位同事一個人進了幹部候補生學校。

後來稻盛才知道，老家不肯寄出戶口名簿複印件給他，是因為當時他的哥哥利則非常惱火：「家裡節衣縮食把你送入大學，多虧老師介紹才進了京都的公司，結果不

到半年你就忍受不住要辭職？真是一個忘恩負義的傢伙。」哥哥氣憤之餘拒絕寄送出影本。

最後，只剩稻盛和夫一個人留在了這個破敗的公司，他非常苦惱。

那時候的稻盛想，辭職轉行到新的崗位也未必一定成功。有的人辭職後或許人生變得更精彩了，但也有的人人生卻變得更加淒慘了。有的人留在公司，繼續努力奮鬥，取得了成功，人生很美好；也有人雖然留任了，而且也努力工作，但人生還是很不如意。所以各種情況都因人而異吧。

究竟離開公司，還是留在公司，哪個選擇才是正確的呢？煩惱過後的稻盛和夫作了一個決斷。

正是這個決斷，接下來，他迎來了人生的轉折。

只剩他一個人獨自留在這個衰敗的企業了，被逼到了這一步，他反而感到清醒了。「要辭職離開公司，總得有一個名正言順的理由吧，只是因為感覺不滿就辭職，那麼今後的人生也未必會一帆風順吧。」當時，稻盛和夫還沒有找到一個必須辭職的充分理由，所以他決定先埋頭努力工作。

不再發牢騷、說怪話，他把心思都集中到自己當前的本職工作中來，聚精會神，全力以赴。這時候的稻盛才開始發自內心並用格鬥的氣魄，以認真的、誠實的態度面對自己的本職工作。

在這家公司裡，稻盛的任務是研究當前最尖端的新型陶瓷材料。他把鍋碗瓢盆都搬進了實驗室，住在那裡，不分晝夜，廢寢忘食，全身心地投入了研究工作。

這種「極度認真」的忘我工作狀態，從旁人看來，便有一種悲壯的色彩。

當然，因為是最尖端的研究，像拉馬車的馬匹一樣，光用蠻力是不夠的。稻盛訂購了刊載有關新型陶瓷最新論文的美國專業雜誌，一邊查閱辭典一邊閱讀，還到圖書館借閱有關的專業書籍，稻盛往往都是在下班後的夜間以及休息日抓緊時間，如饑如渴地，學習、研究。

在這樣拼命努力的過程中，不可思議的事情發生了。

稻盛大學的專業是有機化學。只在畢業前為了求職，突擊學了一點無機化學。可是當時，在他還是一個25歲都不到的年輕小夥子的時候，居然一次又一次取得了出色的研究成果，成為無機化學領域裡初露鋒芒的新星。這全都得益於稻盛最後的重要決

定——專心投入工作。

與此同時，進公司後打算要辭職的念頭，以及「自己的人生將會怎樣」之類的迷茫和煩惱，都消失得無影無蹤了。不僅如此，稻盛甚至產生了「工作太有意思了，太有趣了，簡直不知如何形容才好」的感覺。這時候，原本的辛苦不再被當作辛苦，他只有更加努力地工作，周圍人們對他的好評也越來越多。

在這之前，稻盛的人生可以說是連續的苦難和挫折。而從此以後，不知不覺中，他的人生產生了根本的轉變，步入了良性循環。

所謂困難，只是一時的。不管在多艱難的環境中，不懈堅持認真地、誠實地工作，能成為一個人人生中重要的轉機。

對有志者來說，困難無非是通往成功之路上的一塊小石頭，對付它的方法就是，要麼將它踢掉，要麼視而不見從它身上走過去。成大事者，就需要這種萬古皆在手中的氣魄，唯有如此，困難才不會成為困難，而是通向更高層級的跳板。

3．創造的世界並沒有一定的標準

每個人生來都是凡人，是凡人就會做一些平凡的事情，就職於平凡的崗位，從事著平凡的工作。但人又常常喜歡不切實際地追求華麗的人生，每當這時候，他們就會抱怨環境，抱怨命運讓自己如此平凡，不願意認真去做平凡的事，那麼成功當然也會棄他而去。

其實那些靠自己改變命運的人都只是普通人，與常人不同的是他們在平凡的工作中付出了巨大的努力，傾注了全部的熱情，忍受了反復的挫折。怨天尤人是對自己的姑息，為自己的懶惰找藉口。

在創業者中，並沒有哪個成功者在智力上有極為出類拔萃之處，但是他們有一個共同點，就是看上去毫不起眼，只是認認真真、孜孜不倦地努力。他們不驕不躁、踏實認真，持續的力量賦予他們超人般的能力。

稻盛和夫說：「成功的基礎是強烈的願望。」這並不是提倡空想，在稻盛看來，

創造性的活動需要不斷地的思考，不斷地去構思，這樣我們的頭腦中將會浮現出那個「看得見」的即將實現的現實。

稻盛認為，當我們面對困難和疑惑，選擇鍥而不捨、反覆思考的時候，成功的道路就好像曾經走過似的「逐步清晰」了。那些曾經只出現在願景裡的東西就會逐步接近現實，不久願景與現實的界限消失，似乎已經成現實。

但是，如果我們的腦中呈現的景象是不鮮明的黑白色那還不夠。想要更加接近現實，就要看到色彩鮮明的景象——這種狀態是真實發生的。稻盛比喻這個過程就好像是體育運動中的意象訓練，意象最大限度地濃縮，就是能看見「現實的結晶」。相反，如果做事情之前我們並沒有強烈的願望，也不去深入地思考和推敲，那麼就不會清晰地看見完成時的形態。

不論做什麼事，成功的關鍵在於我們行動之前對自己有什麼樣的期待和構想，制定什麼樣的目標和規劃。你應該懂得，用什麼標準來衡量自己，別人就會用什麼樣的標準來評估你。

凡是事業成功的人，大都有兩個相似點：一、是明確地知道自己事業的目標；

二、是不斷朝著目標前進。目標的意義不僅僅是目標本身，它就像人生的指南針一樣，是我們行動的依據，信念的基礎，創造的源泉。

世界潛能大師博恩・崔西曾經說過這樣的話：「成功等於目標，其他的一切都是這句話的注解。」沒有強烈願望產生的動力，沒有既定目標實現的規劃，那麼成功又從何談起呢？

稻盛在開發新產品的時候，往往已經看到了產品將來應該有的狀態，所以他對產品的要求是沒有一點瑕疵。當公司員工開發出的產品已經充分滿足了式樣和性能的標準要求時，還是得不到稻盛和夫的認可。因為憑藉著多年以來對這一領域知識的熟知和深思熟慮，他能看見他腦中理想水準的產品。所以普通水準要求並不是他的目標。

如果在創造的道路上，我們認定了一個目標，就應該堅定不移地走下去，其間或許遇到許多困難的挫折，甚至是反反覆覆的實踐，但我們也不應該就此罷休。我們要以積極的態度、頑強的精神，去檢驗過去所制定的目標和所運用的方法中存在的問題。在此基礎上選擇新的前進路線，通過另外的途徑向既定的目標前進，就會出現柳暗花明又一村的境界。

4・成為「自燃型」的人

稻盛和夫把人像物質一樣分成了三種：自燃型、可燃型和不燃型。自燃型的人比較堅強，他們很容易把自己燃燒起來，發出光和熱；可燃型的人像木材或煤塊，找得到火種，他們才可以燃燒；而第三種不燃型，沒有被點燃的可能，即使有了火種，卻依然冰冷，無動於衷，甚至會潑冷水。

一般經營者每天都會考慮公司應該做什麼，怎麼做才能更好之類的問題。他們會很需要自燃型的人。稻盛經常對公司的員工說，希望大家都能成為樂於自我燃燒的自燃型，至少是可燃型的人，公司不需要不燃型的人。因為一般從組織上看，不燃型的人過於自我，不夠積極熱情，時不時還會給幹勁十足的人潑冷水。這種負能量的巨大消耗致使公司內形不成一個核心的凝聚力，在企業團隊中，即使只有一位不燃型的人，氛圍也會變得沉悶壓抑，難以開展工作。這種人冷若冰霜，表情淡漠，永遠與周圍人熱火朝天的幹勁絕緣，著實不怎麼討人喜歡。

自動自發地工作是一種重要的工作態度，對一個人的成功與否起著至關重要的作用。當你的能力和自動自發的意識、積極心態結合在一起時，就能創造出驕人的成績。在自動自發地工作的背後，需要你付出的是比別人多得多的智慧、熱情、責任、想像力和創造力。永遠保持一種自動自發的工作態度，是對自己的行為負責。命運掌握在自己手中，「做一天和尚撞一天鐘」的態度千萬要摒棄。

凡是能成大事的人都是自我燃燒型，他們是性能最高的類型。他們自發而動，他們的精力永遠像剛剛充過電的電池一樣飽滿，他們無須向外界索取什麼，通常在指令下發以前就行動起來，率先做出成績成為別人心中的範本。他們的能動性、積極性像火種一樣，可以引燃周圍人的激情。投身一項事業需要相當巨大的能量，自燃型的人才是事業中的主角，他們不僅用自我燃燒激勵自己，他們燃燒自己時釋放出巨大的光和熱，同樣溫暖點亮了他人。他們熊熊燃燒的氣勢會感染周圍的人，帶動他們也投身於事業當中。

稻盛和夫說，想成為自我燃燒型的最佳手段就是熱愛自己所從事的工作。

「體驗重於知識」，這一條也是人生重要的原理原則。換句話說，「知」未必等於「會」。千萬不要以為只要「知」就「會」了。

新型陶瓷的合成也是如此。這原料與那原料混合，在什麼溫度下燒結，就能做出什麼樣的製品。這些知識只要讀書就能明白。但按照這種理論去做卻不一定得到希望的結果。因為只有在現場反復實驗的過程中才能逐漸把握其中的要領。凡事都需要知識加上經驗才能「會」，在這之前不過是「知」而已。

進入信息社會，進入偏重知識的時代，認為「只要知道就自然會了」的人，越來越多了，而這種看法可是大錯特錯。「會」和「知」中間有一條鴻溝，只有靠現場的經驗才能填補。

京瓷公司誕生不久，稻盛去參加一個經營研討會。講師中有本田技研工業的創始人本田宗一郎的大名，稻盛很想聽一聽這位著名企業家的高見。研討會借用某溫泉旅館，三天兩夜，參加費用高達數萬日元，當時是一筆不小的數目。可他無論如何想見見本田先生，聽聽本田的講話，於是就不顧周圍的反對而去參加了。

當天，參會者進入溫泉，換好浴衣，在一個大房間坐下，等候本山先生到來。不一會兒，本田先生露面了，他從濱松工廠直接趕來，穿著油漬斑斑的工作服，一開口，就給了眾人一個下馬威：

「各位，你們究竟是幹什麼來的？據說是來學企業經營的。如果有這閒工夫，不如趕快回公司幹活去。泡泡溫泉，吃吃喝喝，哪能學什麼經營。我就是證據，我沒向任何人學過經營，我這樣的人不也能經營企業嗎？所以，你們該做的事只有一件，立刻回公司上班去！」

本田用他那爽朗的聲音把大家訓斥一通，臨了又挖苦道：「花這麼高的參加費用，這樣的傻瓜哪裡去找？」

眾人默不作聲，因為本田講得太對了！

看到本田這光景，稻盛和夫更加為他的魅力所傾倒：「好吧！我也快快回公司幹活去。」

本田教給他們的是：在榻榻米上練游泳未免太傻。榻榻米上學不會游泳，倒不如

即刻跳入水中，用手用腳划一陣子再說。不在現場揮汗，哪能學到什麼經營——本田自己就是榜樣。成就偉大事業的智慧只能從經驗的積累中才能獲得。只有親身參與的體驗才是最寶貴的財富。

5．以高目標為動力，不斷要求自己

「實現新的計劃關鍵在於不屈不撓、全心全意。所以，必須聚精會神，抱著崇高的思想和強烈的意願，堅韌不拔地奮鬥到底。」

這一段話，是從提倡積極思考的哲學家中村天風先生的著作中摘錄的。稻盛和夫曾在一九八二年京瓷的經營方針發表會上把這段話作為口號提出。

如果你希望新的計畫得以實現，那麼，不管遇到什麼樣的困難都絕不能放棄。必須全神貫注、一心一意，用高尚的思想和強烈的願望不斷描繪心中的藍圖。這一點頗為重要。因為再好再完善的計畫不去執行，也是一紙空文，毫無意義。只要做到切實執行心中的計畫，那麼無論怎樣困難的目標都一定能達成。

稻盛和夫想通過這句口號表達：在人的思想、願望裡面潛藏著成就大事業的能力。尤其是，如果這種思想、願望是高尚、純粹而美好時，並且能一以貫之，那麼，它將會發揮最大的力量，為人們圓了那個本認為無法實現的夢想。

有一群老鼠開會，討論怎樣應對貓的襲擊。一隻被認為聰明的老鼠提出，在貓的脖子上掛一個鈴鐺。這樣，貓行走的時候，鈴鐺就會響，聽到鈴聲的老鼠就可以及時跑掉了。大家都認為這是一個好主意。可是，由誰去給貓掛鈴鐺呢？怎樣才能掛得上呢？這些細節問題卻無從解決。於是，「給貓掛鈴鐺」就成了鼠輩空話、人類笑談。應該說，這群老鼠的頭目應該辭職，因為它不能帶領團隊完成使命。

有很多人在新的計畫制定不久時開始擔憂市場環境變化，擔心遭遇意料之外的障礙，害怕出現失敗的結果。然而，一旦心中萌生出這種杞人憂天的煩惱，哪怕產生一丁點的焦躁和恐懼，那麼這種「思想、願望」所持有的力量就會大幅減弱，計畫執行之中會受到更多心理因素帶來的副作用，最後目標難以成為現實。

稻盛和夫在提出這一口號的兩年之後，毅然決定投身於第二電電這項宏大的事

業。其實很大的原因是為了親自證明人切實地執行提出的計畫，究竟能夠成就多麼偉大的事業，並借此來激勵更多的人投入到事業當中來。

「樂觀構思，悲觀計劃，樂觀實行」，這就是稻盛和夫向新課題發起衝擊的最好辦法。每天努力的積累，會使人達到不曾想到的極高境界。高目標就是促使個人和組織進步的最大動力。有了計畫，不去落實在行動上，就什麼都實現不了。無論對工作，還是對人生而言，這都是鐵的法則。

稻盛和夫曾說過，人生相當於一場滿場的馬拉松比賽，只有始終以百米賽的速度奔跑才有資格贏得最後的勝利。

只有笑到最後的，才笑得最好。在成功來臨之前，要百折不撓，堅韌不拔；不能給自己設置界限，不要向自己的惰性妥協，要不厭其煩，持續挑戰。這樣才有可能把賽道上的路障變為機會，把劣勢轉為優勢，把弱項變成強項。

不管什麼比賽項目，只要發令槍一響，就一定要想著成功全速前進。稻盛和夫認為，執著強烈的信念，以及不達目的誓不甘休的決心和力量，是成功的必要條件。

不難發現，其實所謂始終以百米速度奔跑，隱含了兩個關鍵字，一個是努力，一個是堅持。努力是竭盡全力的努力，堅持是鍥而不捨的堅持。無論是工作還是生活中，成功的過程漫長而艱苦，努力提供了速度的保障，堅持提供了時間的保障。

狩獵民族外出狩獵時，一般手執梭鏢或吹箭，腰間帶上可供幾天消耗的食物和水，希望能圍捕到獵物，以維持全家人的生計。然而捕獲獵物卻充滿危險和辛苦。他們要跟隨動物的足跡，日夜不停地追蹤它們的去處，在找到獵物的巢穴後，還要冒著生命危險，以巨大的勇氣突襲並殺死獵物。捕獵成功後，他們還要扛著自己的戰利品，再花上幾天幾夜奔走，拖著疲憊的身軀回到家中，給等候著他們凱旋的族人們分發戰利品。

想在嚴酷的環境下維持生存，具備洞穿岩石般堅強的意志是最重要的。一旦目標出現，在成功捕獲之前，就要持續地追擊，鍥而不捨，堅持到底，絕不放棄，不管碰到何種阻力。狩獵民族的這種性格，在我們要達成目標時必不可缺。這種執著之心，就是堅強的意志，是合成成功不能缺少的元素。

6·勇於接受挑戰，生命才會日漸茁壯

稻盛和夫認為，秉持堅定的意志力，一步一步、一天一天、腳踏實地付出全部努力的人，不管路途多麼艱險崎嶇，多麼迂迴漫長，他一定能捧回榮耀的獎杯。竭盡全力、鍥而不捨是成功的心臟，希望每一個人在生活和工作的道路上跑得更堅實，跑得更愉快。

有困難的地方就有挑戰，接受了挑戰，生命才有了不斷成長的可能。對於一棵小草來說，經受風吹雨打對它來說是一場艱難的考驗，只有勇敢堅定地站立在風雨中，才能再次擁抱陽光。風雨的洗禮能使它更加茁壯。同樣，艱難困苦正是我們成長的機會，我們應該認識到這一點。

稻盛在剛剛進入松風工業工作時，公司的破敗使他無比沮喪。每當工作之餘，疲憊、寂寞、孤單、苦悶種種煩惱不斷襲來。於是他常在夜晚宿舍後面的河堤邊，坐下來仰望天空。

無論是星斗漫天還是月色清明，無論是風雨欲來還是陰雨連綿，他總是獨自一人出現在河堤邊，靜靜地思念故鄉，思念故鄉的父母兄弟，輕聲吟唱《故鄉》等歌曲。

宿舍的同事們看到這種情況就議論開了：稻盛又在哭泣了。

其實稻盛是在用自己的方式給自己療傷，激勵自己接受挑戰，繼續前進。

每次他唱完故鄉的歌轉身走回宿舍時，痛苦和無助都煙消雲散，心境豁然開朗，滿懷著的是對明天的希望和面對未來的勇氣。

挑戰是一場戰役，只有勇敢地打下去，才能驕傲地掛上成功的勳章。

人在一帆風傾的時候往往容易鬆懈自己。有已經取得了成功的人，陶醉於成功的美酒中，不思進取，最終走向衰敗，這樣的事例並不在少數。

京瓷最初的客戶是鼎鼎大名的松下公司，而松下的採購部門總是對供應商很苛刻，把價格壓得很低。京瓷作為供應商之一，沒有認輸，迎著困難而上，逐個攻破難題，取得了長足的發展。而其他的供應商對松下的不滿情緒已經接近憎恨，由於他們一味向松下發洩不滿而沒有做出達到標準的零部件，不少企業都倒閉了，在商海競爭中沉船海底、銷聲匿跡。

然而，稻盛卻對松下懷有深切的感激：正是松下當年的苛刻要求，鍛煉了京瓷，考驗了京瓷，這迫使京瓷刻苦鑽研，從剛開始起步的二三流的水準一直蓬勃發展到擁有全世界通用的、具有全球競爭力的技術，用產品品質和價格打敗美國同行，拿下美國西海岸半導體市場的訂單。

針對自身所處的環境，是採取屈服的姿態、拒絕的態度，還是把困難的任務作為對自己的考驗，把它當成自己發展的機會，以積極的態度去應對？不同的態度，指向不同的道路，二者最後的處境大相徑庭。無論是工作還是人生，都是同樣的道理。從正面去迎接難得的挑戰機會，會在不知不覺中積蓄力量，必將使生命更加茁壯。

7．不放棄就不會說「我已經不行了！」

稻盛和夫在工作中一直堅持這樣一種理念，當項目遇上難以克服的困難，認為「已經不行了」的時候。其實這並不是終點，而是重新開始的起點。

記得曾經有記者問到京瓷研究開發專案的成功率，稻盛是這樣回答的：「凡是著手開發的研究項目都必須有百分之百的成功率！」

這句話聽上去令人難以置信，但實際上，稻盛真的做到了，在京瓷公司裡，不管是什麼項目，他是要做到成功為止。正是這種強烈的信念，以及不達目的誓不罷休的執著，才成就了京瓷今天的輝煌。

稻盛始終堅信，即使在工作被逼入「計窮策盡、已無辦法可想」，不得不放棄的地步時，也不是終點，而是第二次開始的起點。他認為，只要我們用更堅強的意志和更熾烈的熱情投入戰鬥。那麼，不管碰到何種阻力，堅持到底就會成功。

成功根本沒有秘訣，如果有的話，就只有兩個，第一個是堅持到底，永不放棄；第二個就是當你想放棄的時候，回過頭來再參照第一個秘訣去做——堅持到底，永不放棄。

世間的萬物生靈都有著頑強的毅力，小到一粒種子，大到人類。它們越是在艱難的時候，越是會顯示出最強大的力量。永不言棄的精神就像是一把無堅不摧的利劍，一路披荊斬棘，為我們創造人生的輝煌。

在稻盛看來，正是因為不斷地經受磨難，人才能變得更加堅強。的確，人們從失敗的教訓中學到的東西，總會比從成功的經驗中學到的要多。所以「永不言棄、堅持不懈」的信念早已深深紮根於稻盛的觀念中。

當失敗把你打倒在地的時候，請選擇堅強地爬起來。正如稻盛提倡的——「『已經不行』只是幻象，一切才剛剛開始。」永不放棄，堅忍不拔，跌倒的教訓就會成為有益的經驗，幫助你走向未來的成功之路。

在我們為自己的人生設立規劃和目標時，稻盛主張，要設定「超過自己能力之上的指標」。要設定現在自己「不能勝任」的有難度的目標，同樣，這個目標也是你要「在未來某個時間點實現的目標」。

稻盛一直鼓勵自己的員工要想方設法提高自己的能力，以便在「未來這個時點」實現既定的目標。他不提倡用員工現有的能力來判定他們未來的發展高度。稻盛認為，只要有強烈的願望，有挑戰新領域的勇氣，有為事業奮鬥不息的執著，那現在做不到的事，將來一定可以做到。

現實生活中，我們經常聽到，很多人在工作中輕率地給自己下結論說：「我不行，做不到。」他們僅以自己現有的能力就斷然否定了自己。在稻盛看來，這種想法是錯誤的。因為他們沒有看到人的能力都有無限伸展的可能。我們要堅信自己的能力，在未來，一定會提高，一定會進步。

面對難題，我們首先要做的就是相信自己，相信自己每天都在進步，相信通過努力，通向未來的大門一定會敞開。

每天進步一點，是卓越的開始；每天多做一點，是成功的開始。

一個人的成功並不是因為他先天的能力有多高，條件有多好。而是靠一步一個腳印走出來的，是經過長年累月的行動與付出累積起來的。人生的差別就在於這一點點之間，如果每天與別人差一點點，幾年下來，就會差一大截。如果我們的人生持續不斷地每天進步1％，一年便進步了365％，長期下來，你一定會有一個高品質的人生。

在企業的經營管理中，稻盛和夫認為，一個有追求的員工，一定要把「夢」做得更高些。雖然開始時只是一個夢想，但只要不停地做，不輕易放棄，夢想總能變成現實。因為昨天的夢想，可以是今天的希望，並且還可以成為明天的現實。

行為是行為結果的函數。任何微小變化的積累，最後都會對結果造成巨大的影

響，成功也來自諸多因素的幾何疊加。現在的你能力高低不重要，重要的是你現在就開始努力，讓每一天都過得充實而飽滿。能力要用將來進行時來衡量，現在你的每一點進步猶如涓滴之水，最終聚集成磨損大石的能量。

8．喜悅要率直的說出來

「無論遇到什麼事情都要感謝。」我們必須用理性把這句話灌進自己的頭腦。即使感謝的情緒冒不出來，也要說服自己。就是說，隨時都準備說一聲「謝謝！」持有這種心態非常重要。

困難來了，那是成長的機會，應該感謝。好運降臨，更是難得，當然更應該感謝——時刻準備說「謝謝！」有意識地在自己心中預留感謝的空間。

如果說感謝之心是幸福的源泉，那麼率直之心可以說是進步之母。上自己心裡不舒暢的逆耳之言，照樣認真傾聽。如果自己有錯，那麼不是等到明天，而是今天立即糾正。這樣一顆率直之心能夠提高我們的能力，提升我們的心志。

松下幸之助先生一貫強調「素直之心」非常重要。松下先生自己沒有學問，所以總是用主動請教別人的方法促使自己進步。這一信念松下先生終生不渝。後來他被譽為「經營之神」，被人們神化了，但他自己依然貫徹「一輩子當學生」的信條。稻盛認為這種虛懷若谷的精神才是松下先生真正的偉大之處。

當然，所謂「素直之心」並不是別人要你向右轉你就向右轉，並不是盲目順從，而是抱著謙虛的態度，如實承認自己的弱點和不足，然後不惜一切努力奮鬥。具備一對虛心聆聽他人意見的大耳朵，具備一雙真誠審視自己的大眼睛，耳聰目明，充分發揮耳朵、眼睛的作用。

談到「素直之心」，讓稻盛想起當他在做研究工作時。每當他專心致志做實驗，實驗現了預期的結果時，他會情不自禁，高興得跳起來「啊，太棒了！」他用整個身體來表達這種喜悅。

然而，這時候他的一位助手卻總是用冷冷的目光注視他。

有一次，稻盛又興高采烈地要跳起來，並對這位助手說：「你也該高興啊！」不

料，這位助手卻無動於衷，一副興味索然的模樣，不屑地拋出一句：「你還真是一個輕浮的人。」

對方還接著說：「為了這點芝麻綠豆的小事：『太棒了！太好了！』開心得眉飛色舞。值得男子漢高興得跳起來的事情，一輩子有一兩次就不錯了。而你動不動就高興得手舞足蹈，未免太輕率，會被人瞧不起的。」

他這一席話猶如一盆冷水，讓稻盛從頭到腳感覺一陣冰涼。

稻盛稍稍穩定了一下自己的情緒，這樣反駁他：

「你的說法或許有道理。但我認為，研究出了成果，哪怕是微不足道的成果，也應該把自己喜悅的心情直率地表達出來。即使看起來有一點輕浮，但是，把發自內心的喜悅之情、感恩之心直率地表達出來，可以成為一種動力，激勵我們持續這種枯燥的研究和單調的工作。」

稻盛的說辭中雖然帶了幾分苦澀，但卻簡單明瞭了地表述了他的人生哲學。

那就是，不管什麼小事，只要開心，只要感激，就要率直地表達出來，不繞子，不裝深沉。這種心態的重要性，他不假思索就對這位助手說了出來。

天天反省是為磨煉心志而不可須臾忘卻的實踐，但它也是「率直之心」的產物。因為無論你主觀上多麼希望保持謙虛，但不知不覺中就會裝出什麼都懂，擺出自以為了不起的臭架子。這就是人的常態——驕傲、自滿、得意忘形、疏忽、失誤，每當意識到這一類過錯的時候，給自己一個認真反省的機會，重念嚴格自律的緊箍咒。只有堅持天天反省的人才能不斷提升自己的心志。

「神啊，對不起！」——稻盛常常脫口而出，用這句話表示反省之意。無意中逞了威風，說了過頭的活，回到家裡，或在宿舍的房間裡，他就會向神懺悔：「神啊，我剛才的態度錯了，請您原諒我。」告誡自己今後不再重犯。

因為稻盛反省時會大聲說出來，像孩子一樣。如果讓人聽見，會認為他神經不正常。所以，總是等到只剩他一人的時候，才以率直之心，說出自省自戒的話語。第二天再以謙虛的姿態重新開始，將「終生當學生」的信條銘刻於心。

「神啊，對不起！」、「南無、南無，謝謝。」這兩句話成雙結對，是稻盛的口頭禪。用這兩句短短的話語表達他的反省之心、感激之心。同時這兩句話也是規範稻盛自我的單純明快的指針。

第七章

企業的經營II

「利他」是事業的起點，商道即人道

1．做為人，何謂「正確」？以「心」為本的經營

稻盛和夫曾說——

剛開始創業時，京瓷是一家只有28名員工的小公司，但是創業之後必須立即做出決定的事情堆積如山，員工絡繹不絕地來請示，「這個怎麼辦」。

可是，我既沒有經營管理的經驗，也不懂經濟及財務。我的親戚朋友中也沒有人當老闆，所以找不到可以商量的人。但是，作為一個經營管理者，我又必須當機立斷。我擔心由於自己判斷失誤導致公司功虧一簣，所以失眠了很長時間。

就這樣，剛創業時，我感到束手無策，不知道怎樣才能搞好經營，做決斷時該以什麼為標準。後來我回到原點，承認自己不懂經營，決定把「作為人，何謂正確？」「是善還是惡」作為判斷的標準。

這是因為，我認為，互相矛盾、不合常理或者違背常人所持有的倫理觀、道德觀的經營是絕對不可能成功的。

我雖然沒有經營管理的經驗，但對與錯、善與惡這些最基本的道德規律，從孩提時代起幾乎每天都在得到父母或老師的耳提而命，所以我自信地認為我對這些是耳熟能詳的。

於是，我把「作為人，何謂正確？」這個最基本的要求，即「原理原則」作為判斷的標準，走上了經營管理之路。

作為京瓷經營活動的基礎，「人心」是一條非常重要的標準。剛創業時，我們沒有資金可以依靠，要說有的話，我們有的只是陶瓷工業技術，而這項技術正處於一個日新月異、飛速革新的領域之中。

身處其中的我一直在認真思考著：「我到底可以依靠什麼來搞好經營？什麼東西才靠得住？」經過苦思冥想，我發現最重要的是「人心」。

縱觀歷史，不少事實說明人心善變，沒有比人心更靠不住、更不穩定的東西。但是同時也有眾多事實告訴我們，世上再沒有比人心更牢固可靠的東西。

我認為應該依託牢固可靠、比任何東西都靠得住的人心來搞好經營。

那麼，怎麼才能將牢固可靠的人心凝聚起來呢？為了達到這個目的，作為核心的經營者，我首先必須擁有高尚的心靈，只有這樣才能將擁有高尚心靈的人們凝聚在一起。

其次，要將這些心團結起來使其成為成員之間相互信任的集團，經營者必須戒驕戒躁，大公無私，並具有為集團鞠躬盡瘁、死而後已的覺悟。

2．沒有評量，就沒有管理

「有評量沒有管理，沒有評量就沒有績效」已經成為管理的經典名言。明確業績考核目標與責任的管理方式成為提升企業競爭力的有效戰略工具，現在越來越多的企業在引進明確業績考核目標與責任的管理理論和方法。但在現實運用中，由於對業績考核目的的不明確，對考核的方式和效果總是無法令人滿意。考核時往往產生員工不滿意、部門經理不滿意、高層不滿意的「三不滿意」現象。同時還存在部門之間關係複雜，配合生硬，甚至矛盾重重，相互指責和推卸責任。

內部人員的工作也缺少主動性和積極性，缺少認真負責的精神，效率低下等問題。這樣領導不僅要對部門的發展合理地規劃，還要忙於協調各種矛盾，領導人不僅自己無暇對員工的工作進行正確的引導、監督與考核，導致員工在工作中常出現錯誤，而問題出現後又不能得到有效解決，難以確定責任人等。要解決這些問題就得找成功者的經驗。稻盛和夫先生為我們解決這樣的問題做出了一個好的參照方法。

稻盛和夫曾經說過，在企業或是組織，明確業績考核目標和責任是至關重要的，應用得當，會促進目標的達成。反之，則會產生負面影響，使企業或是組織原本和諧、穩定的氛圍受到破壞，制約企業發展。

在京瓷的發展中，通過長期執行明確業績考核目標和責任的制度，業績考核應該以目標為導向，強調對員工行為的牽引，通過對績效目標的牽引和拉動以促使員工實現績效目標。績效考核的責任主體是部門的負責人，需要部門主管和員工的共同參與，強調溝通和績效輔導。績效考核，實質強調的是過程，是對於績效全過程的管理。一個對設定目標及如何去達成目標達成共識的過程；一種通過對人的管理去提高

成功概率的方法。這裡的關鍵是設定目標、達成共識、通過對人的管理來提高業績。

稻盛和夫認為，遇到問題先界定責任後討論改善策略是人們的慣性思維，當我們把精力放在如何有效劃清責任上而不是如何改善上，那麼，最後的結果都是歸錯於外，作為企業員工誰都沒有責任，最後客戶被晾在了一邊，當責任劃分清楚，客戶的耐心也已經喪失殆盡了。於是，客戶滿意和客戶忠誠也隨之消失了，最後企業財務目標的實現沒有了來源，股東價值無從說起。一旦發現部屬績效低下，雙方都要查找原因。是組織因素還是個人因素，是目標制定不合理，還是人員能力、態度有問題，一旦查出原因，雙方就需要齊心協力解決。

如果是由客觀原因造成員工績效下降，主管要協調各方面的關係和資源去排除障礙。通過診斷輔導，要讓員工認識到：主管就在他的身邊，在他前進的過程中會隨時得到主管的幫助。這樣他就不會抱怨面談無用。在診斷輔導過程中，要對事不對人，只能說部屬工作中存在的問題，不能涉及人格問題。最好不要拿他和其他員工做比較，而是與他的過去相比。當員工做出某種錯誤或不恰當的事情時，主管應避免用評價性標籤，如「沒能力」、「真差勁」等，而應當客觀陳述事實和自己的感受。

明確業績考核目標與責任，有種種好處。它有利於幫助其改進工作，提高工作技能。同時，為管理者提供了與下屬進行深度溝通的機會，有助於管理者進行系統性的思考。考核也為薪酬、福利、晉升、培訓等激勵政策的實施提供了主要依據。建立嚴格科學的考核制度，能充分調動員工的積極性和能動性，也有利於在公司內部營造一種以業績為導向的企業文化。

員工在公司工作，都希望自己的能力和付出能得到公司認可，並希望能得到相應的精神與物質上的回報。而公平合理的激勵制度是員工所有這些願望得以實現的基礎。離開績效，對企業、組織、個人的其他的管理將要麼成為一種形式，要麼只能是傳統的行政指令式管理。

3．堅守核心業務，貫徹從一而終

一個企業，有很多因素可以促成其成功，有些因素帶有偶然、幸運或者冒險的色

彩。但企業成功後如何持續地保持並擴大成功，就需要堅守核心業務，貫徹從一而終。有一項調查發現，一九八三年初名列《財富》雜誌世界五百強排行榜的公司，有三分之一已經銷聲匿跡。這就是說，大型企業平均壽命不到40年，約為人類壽命的一半左右。

一般來說，企業能否持續地發展，一個很關鍵的因素是企業是企業能否堅守核心業務，貫徹從一而終。稻盛和夫指出，所謂核心業務，是企業在長期經營中所形成的，獨特的、動態的能力資源，支援著企業現在及未來在市場中保持可持續競爭優勢的發展，在美國明尼蘇達礦業製造公司，它所倡導的創新力就是公司堅守的核心能力。這種核心能力是企業整合各種資源和各方面能力的結果。

美國明尼蘇達礦業製造公司，也就是人們常說的3M公司，以其為員工提供創新的環境而著稱。走進它總部的創新中心，最吸引人的是櫥窗裡陳列的各式3M產品。從醫藥用品、電子零件、電腦配件，到膠布、粘貼紙等日常用品，逾5萬種的產品表明該公司在產品創新方面的強大優勢。該公司起初是個名不見經傳的小公司，依靠創新精神，成為令人尊敬的「創新之王」。

這家公司視創新為其成長的方式，視新產品為其生命。公司的目標是：每年銷售量的30%從前四年研製的產品中取得。每年，3M公司都要開發二百多種新產品。3M公司的創新思維是，要創新就要創造一種環境、創新不是簡單的投入，而是一種持續的過程。

這種思維使它們在各個層面都重視創新，從鼓勵研究人員發展新構想的「15%規則」、設立資助創新計畫的輔助金，到創造容忍失敗的環境，3M無處不顯示出對創新文化的重視。在3M，創新不局限於產品的研發，任何改進先前做法的行為都被視為創新。一個簡單的例子是，一位剛剛進入公司不久的小女孩，看到快遞公司下單的同時，會給一個追蹤號碼，以此來追蹤郵件到達的位置，她便建議將此用於3M產品到達供應商的位置追蹤上，後來，這個建議被採用並廣泛運用於物流追蹤。在3M公司看來，這種移植也是一種創新。

在3M公司任何一位員工都不用擔心自己的研究沒有價值，任何一個員工的新想法都會受到重視。如果你的上司不認同你的研究，那也沒關係，你堅信自己的新構想終會開花結果，那麼你可以利用15%的工作時間繼續實驗自己的構想，直到成功為

止。3M許多產品的誕生就是得益於「15%規則」。

同時，3M公司還營造了一種容忍失敗的工作環境。不論你提出何種想法，都不會遭到其他人的嘲諷。3M認為不成功並不代表失敗，對3M的員工而言，失敗並不可怕，只要你不是毫無建樹，只有毫無建樹的員工才會遭到解聘。作為一個以知識創新為生存依託的公司，3M公司有強烈的創新意識和創新精神，他們認為，知識型員工是實現公司價值的最大資源，是3M賴以達到目標的主要工具。因此，3M的管理人員相信，建立一種適應知識型員工的創新文化氛圍非常重要。

隨著市場競爭的日益激烈，如何使企業的指令能傳達到企業組織的每一個神經末梢而不衰減，讓企業永葆活力，愈來愈成為企業關注的焦點。稻盛的經驗告訴我們在日益激烈的市場競爭環境下，我們要做的是堅守核心業務，貫徹從一而終。核心業務是企業花了大量的心血，經過長時間的研究所得的，它有時候甚至可以代表企業。我們通過手錶定理可以看出堅守核心業務，貫徹從一而終的力量。

「手錶定律」是指一個人有一支錶時，可以知道現在是幾點鐘，當他同時擁有兩支錶時卻無法確定。兩支錶並不能告訴一個人更準確的時間，反而會讓看錶的人失去對準確時間的信心。

手錶定律在企業經營管理方面給我們一種非常直觀的啟發，就是對同一個組織的管理不能同時採用兩種不同的方法或是一個時期在企業內不能同時設置兩個不同的目標。否則將使這個企業或這個人無所適從。一個企業要想獲得長遠的發展就得堅守核心業務，貫徹從一而終。

優秀的企業在經營戰略和領域的選擇上，大多數都首先確定自己的核心主營業務，只投資在一個行業，並在這個行業裡逐步培養自身的核心競爭力，以此為基礎再逐步考慮多元化經營。

稻盛和夫曾將企業比喻成一棵大樹，在他看來，核心能力就是樹幹，核心業務便是果實。如果企業的核心業務能依託核心能力形成一種對內兼容、對外排他的技術壁壘，那麼就能在紛繁複雜的市場中保持應有的競爭優勢。

4．掌握時間的精確管理方式

精確與精細這兩個詞現在與企業管理聯繫得越來越多了，細節決定成敗、精細化管理等語句常見於報端，企業的管理也更強調細節。

大家都在談細節，但在「怎麼叫把細節做好」、「怎麼去做好細節」這兩方面談得卻不多。有很多企業家不重視細節思維，不重視基礎管理，結果導致企業破產。

稻盛和夫曾說，掌握時間的精確管理方式是企業得以長遠發展的基礎。精確比精細好，對企業管理精確比精細更重要，精細沒有標準，沒有底，領導倒是容易講，但部下做起來無法掌握分寸，沒有標準，而精確就要求領導對每一項工作明確細到什麼程度，最好還要有如何做到這樣細的程度，這樣工作就有執行與檢查的標準了。

精確管理是從20世紀80年代開始創立的，創立之初研究點就在於何為管理，管理就是讓人能夠有更大的產出。很多領導把管理看作領導者想的事情讓大家去執行，造成了一種虛假的繁榮，和善的氛圍，但這並不是員工所需要的。

員工到底需要什麼呢？這就要求管理回歸原本，以人為本。在稻盛和夫看來，管理的最高境界是無為而治，如果自我管理也能把組織管好，就達到了最好的效果。精確管理實際上是用了無為而治這樣的方法，使得一個組織中的主體——人，能夠自我地調節自己，從而最終實現組織的高效。所以精確管理精確在哪裡呢？就是它對組織裡面人性的了解和精確。比如他有什麼樣的想法，他與組織的特點是否相匹配等，然後運用一些工具讓員工自己使用並彌補其缺陷，這樣員工也高興領導也高興，企業產生一種幸福感，大家就願意在這裡工作，這是精確管理的精髓。

無論企業採用哪種管理思想、管理方法都是企業未來發展的決定性因素，掌握精確管理方式，按精確管理方式，企業就能取得長遠的發展。

5．根據市場變化，時刻調整組織結構

市場是企業賴以生存和發展的空間，市場的變化是決定企業興衰的首要條件，因

此，企業要跟著市場變化，時刻調整組織結構，企業要走在市場的前面。在全球市場激烈的競爭中，只有在市場上領先對手的企業，才能立於不敗之地。

20世紀80年代初，傑克・威爾許剛剛執掌帥印，通用公司就開始了大規模的從製造業向服務業的戰略轉型。傑克・威爾許預感到未來的市場將沒有國家的界限了，那時的市場會逐漸從一個國家的市場變成世界性的市場。儘管在80年代初通用公司的製造業仍然表現良好，有很高的利潤，但市場上已經出現先兆，在世界上無論是哪個國家，硬體生產能力越來越得到加強，而且提高硬件生產能力很容易。但是硬件生產的成功並不等於企業的成功。當大多數企業的產品品質相差無幾時，這時產生的競爭就會體現在服務上，服務的好壞在不同的企業會有差異，企業將越來越重視服務和服務質量。市場越來越向服務方面傾斜，通用公司注意服務的品質，跟上了市場的步伐，並且獲得了長遠的發展。

通用公司領導人意識到服務導向比產品導向重要，於是通用公司的重點從賣產品轉變為向使用者提供解決方案，從提供產品並輔之以提供服務轉變為繼續提供高品質的產品，還要提供以客戶為中心、以信息技術為基礎、旨在提高客戶生產率的各種高價值的解決方案，通用公司公開宣稱：「下個世紀的藍圖是，通用不僅將是一個銷售高品質產品的公司，還是一個提供全球性服務的公司。」但是，當傑克・威爾許把整個通用公司從製造業向服務業轉型時，遭到了非議和抵制，很多人反對這種變革，指責傑克・威爾許是發了瘋，是要把通用公司推向死亡。

三四年以後，美國幾乎所有企業都感到了世界市場變化的壓力，被迫紛紛轉向產品服務，此時通用公司已經先於他人走了三四年，服務已成為公司取得持續性增長的重要措施，是公司高速發展的主發動機。走在市場前面的傑克・威爾許超前的眼光和通用公司所取得的成績令人歎為觀止。一九八〇年，通用公司85％的利潤來自於製造業，而現在有四分之三的利潤來自於服務業。

大家對傑克・威爾許刮目相看。這才感到傑克・威爾許當時不是發瘋，而是做到了根據市場變化，實時調整組織機構。沒有對市場變化的適應性調整，沒有大規模的戰略轉型，就沒有通用公司的今天。20多年來，通用公司從製造業到服務業，再到電子商務化，都是跟著市場一步步走的。市場和客戶改變，企業也要跟著變，而且改變要在市場變化之前完成。實踐證明，企業要時刻根據市場變化調整組織結構，才能獲

得長遠發展。

稻盛和夫創造的阿米巴模式，就是一個能根據市場及時調整的組織模式。阿米巴作為一個核算單位，是一個擁有明確的志向和目標、持續自主成長的獨立組織。因為阿米巴是獨立核算組織，採取獨立核算制，阿米巴經營的特點是對於經濟狀況、市場、技術動向、競爭對手等的急劇變化，能夠靈活地調整阿米巴組織，迅即做出應對。企業身處的環境時刻都在發生變化，必須根據市場變化和競爭對手的動態，建立符合當時情況的最優化組織。經營者和領導必須時刻檢查本公司的方針和現在的組織是否適應現在事業所處的環境。

有一次，京瓷某事業部的製造部門，接受訂單的情況極不穩定，產值出現大幅波動，該部門沒能做到與之相對應的經費及時間的削減，最終陷入虧損。這時，事業部長發現了沒有把核算單位進行充分細分的問題，並對組織進行了進一步的劃分。結果，核算內容的細節得以明確，從而準確地把握了改善核算狀況的課題。於是，全休阿米巴成員群策群力，逐一解決了這些課題。現在，該製造部門的利潤率已遠遠超過了其他事業部。

在市場經濟條件下，企業之間的競爭愈發激烈，企業能否在競爭中立於不敗之地，關鍵在於能否適應市場行銷的變化，適時建立起一個優化的市場行銷管理系統，並能抓住機會選擇最適合企業行銷的有利手段，使市場行銷達到整體優勢。

6．優質的服務才是經營的利器

稻盛和夫剛開始創立企業的時候，是由於與所在公司的上司之間出現意見不合決定辭職進而自己出來創業的，所以共同創業的夥伴們向他進言道：既然你現在已經能夠隨心所欲、按照自己的意願來做研發了，不如把「將稻盛和夫的技術昭示天下」的信念作為新公司的創業理念吧！所以，他將「將稻盛和夫的技術昭示天下」作為公司的創業理念。

新公司在成立的第一年就實現了贏利。然而，在創業第二年，11名高中畢業的新

員工突然集體向公司發難，他們甚至提交了按著各人血手印的請願書，要求公司為他們未來在公司的升職與獎酬做出承諾，如果公司拒絕他們的要求，那麼他們就將集體辭職。稻盛為此對他們進行了三天三夜的說服工作。這場風波雖然最終平息了，但稻盛感受到了巨大的壓力。

他明白雖然他自己是想把京瓷當作是「將稻盛和夫的技術昭示天下」的舞臺，但是對那些新員工而言，公司只不過是一個讓自身能夠得以謀生的地方。他開始思考企業應該怎樣看待員工。在經過一段時間的迷惘和苦惱之後，他終於意識到，經營企業的真正目的不能僅僅是為了實現自己作為一個企業家的夢想，而是要照料好企業員工與他們家人的生活，要依照大家庭主義來經營企業。

從那以後，他拋棄了要「將稻盛和夫的技術昭示天下」的初衷，而將京瓷的經營方式轉變為確實為依照大家庭主義來經營企業。在確認這個經營方式之後，那些一直困擾在他心頭的迷霧也一掃而清。從那時開始，公司裡很少有懶惰懈怠的員工，員工都變得積極、主動，充滿活力。

過去には感謝を
現在には信頼を
未来には希望を

在進行企業管理時，只要能夠首先樹立令所有人都真心嚮往、千難萬險也在所不辭的大義名分，就必然能夠將企業的所有員工緊密地團結在一起，共同努力。依照大家庭主義來經營企業是指企業建立起一種具有家庭氛圍的企業文化。中小企業特點就是規模小，人數少，組織結構簡單，辦事效率較高，工作場所相對集中，員工上下班之間的接觸和了解的機會要比大企業多，從某種意義上說，這也為企業內部的人員交流與合作提供了方便。

依照大家庭主義來經營企業的突出表現在於營造家庭氛圍。因此，無論是企業的經營思想，還是組織的規章制度，特別是激勵與約束機制，都應以員工為核心，實行人本管理。有人以為這說起來容易，做起來難。其實並非如此。

「大家庭主義」建設的關鍵在於企業決策者的經營動機和長遠戰略目標。如果把員工當作企業的主人，把企業的前途與員工的個人命運看成是一個有機統一體，那麼企業不僅能長遠發展下去，而且還會激發員工的智慧和熱情，產生一種不可阻擋的力量。構建一個和諧的大家庭，既要努力形成和諧的人際關係，也要積極創造充滿活力的環境。

只有充分調動企業員工的積極性、主動性、創造性，讓他們的聰明才智得以發揮、人生價值得以體現，才能在更高層次上實現和諧；只有建立健全化解矛盾、解決問題的機制，妥善協調各方面關係，才能把和諧大家庭建設提高到一個新水平；只有廣大員工始終保持與時俱進、昂揚向上、奮發有為的精神狀態，才能在不斷開創工作的新局面中促進和諧，在不斷促進和諧的過程中推動事業發展。

如今，企業間的競爭越來越激烈，如何增強企業的競爭能力，從而確保企業在市場的大潮中站穩腳跟，是企業家們始終如一的話題。當今市場經濟的競爭，不僅僅是產品的競爭，更是信譽及服務的競爭，是經營道德的競爭，講求誠信、真誠服務是一種責任。

稻盛和夫指出，企業核心競爭力的增強，必須使誠信成為企業的核心價值觀，以最優異的真誠服務作為自己的經營利器。企業注重誠信文化建設，重視信譽和服務，可以為自己創造更多的商機和企業效益。服務及誠信危機必然導致企業形象的敗壞，從而最終被市場淘汰出局。因此，企業的發展，是技術、人才、產品還是管理？從企業戰略的高度研究，以最優異的真誠服務作為自己的經營利器，才是企業真正的核心競爭力。

真誠的服務是企業的一種無形資產、一種稀有資源，是企業在生產經營活動中應該遵守的原則。如何才能在商場當中樹正氣，行正道，尋求企業的生存之道，卻一直不被重視。其實「道」就是「真誠服務」。稻盛曾經說過，要想獲得企業的成功就得以最優異的真誠服務作為自己的經營利器。他創立的京瓷由弱變強，由小變大，躋身於世界五百強。靠什麼？靠的就是以最優異的真誠服務作為自己的經營利器。

看看那些揚名中外、風雲一時的大企業，看看那些古往今來打造百年店的老字號，都是以最優異的真誠服務作為自己的經營利器。因此，只有繼續堅持以最優異的真誠服務作為自己的經營利器，企業才能越做越大，道路才能越走越寬。

優良的服務口碑不是靠宣傳，而是靠行動，靠信譽，靠真誠。

現代商業應該意識到，只有以最優異的真誠服務作為自己的經營利器，實實在在用心去做，站在顧客的立場和角度去考慮問題，企業才能立於不敗之地。當我們真誠地服務時，你就會發現，所有一切事情都變簡單了，很多問題都容易解決了。當盡心

盡力地以最優異的真誠服務作為自己的經營利器時，再挑剔的客戶也會為之感動，最終企業與企業、企業與客戶都會成為相互信賴的朋友式的合作關係。

企業的成功源於優質的服務，優質的服務源於真誠的投入，真誠寄託著顧客對企業的信賴，同樣也傳遞著企業對顧客的關懷。只有真誠服務，不斷拓寬工作思路，才能在眾多企業中樹立企業品牌，才能吸引更多客戶。

稻盛認為，真誠是溝通人際關係的法寶，會使人解除心靈上的戒備，是企業拉近與客戶關係的潤滑劑。當然這種真誠絕不是一種敷衍，企業要把寬容的心真誠地送給客戶，正如稻盛和夫曾說的，對客戶多一分理解，在每一次的委屈中敞開自己的心靈，試著理解真誠的內涵。

7．商道即人道，像經營人生一樣經營企業

古代最有智慧的哲學家，老子說：「故知足不辱，知止不殆，可以長久。」意思

是：知道滿足者不會遭到恥辱，知道適可而止者不會導致失敗，這才是長治久安之道。對企業發展來說「知足」不是「安於現狀」，而是要足夠了解自己，同時還要足夠地了解競爭對手，只有這樣才能做到「知足常樂」。

「知足常樂」。就是教育員工要正確對待自身待遇問題。從人的最基本的物質需求角度來講，任何員工工作的最起碼要求就是有一個理想的物質回報。但在這一回報要求上要明確一定的度，要把自身物質要求與自身工作貢獻以及付出的努力結合在一起。特別是一些效益相對較好的企業，在這方面最應該注意。因為員工的待遇一直處於上漲狀態，這樣就容易使有的員工產生更高期望值的物質回報，容易拿自己與更好的企業員工待遇相比較。因而要教育員工不要盲目攀比，不要站在這山看那山高，要正確審視自我，尋找差距，學會平衡個人心態，保持平和之心。

稻盛和夫指出，讓事業永續的秘訣在於在知足的基礎上再求發展。京瓷的發展，以及後來京瓷併購的其他企業都能取得長遠的發展，一個主要的因素就是他們的企業在經營中秉持了在知足的基礎上再求發展。

很多企業過於關注宏偉規劃的藍圖，這種先定戰略，後求戰術的思維，很可能導

致企業為實現戰略目標而盲目擴張，進入太多並無「戰」機會的領域。有些企業家對利潤的追逐、對財富的渴望、對成功的期盼毫無節制，因而對發展規模有著永無止盡的追逐。

稻盛認為，企業要充分了解自己、了解競爭對手、了解市場，才能做到「知足常樂」。在企業發展過程中，應該知足、知止。因為知足不辱，知止不迨，可以長久。這倒不是讓企業喪失鬥志，而是在任何行動之前要有充分的考慮。

對於企業而言，可能並沒有取得員工的信任。員工信任他們的同事，他們也把工作作為自己生活中最為重要的部分，但是，他們卻並不不信任他們的企業——他們並不認為這些企業的決策和組織是有利於自己發展的：

當談及那些有關員工自身利益的相關決策時，情況尤其如此。對企業來說，你的員工不信任你，會給你的工作帶來很多麻煩，在諸多麻煩當中，兩個最大的問題密切相關——業績和利潤。

現在不少企業已經認識到：單純追求私利，無法獲得員工的信任。於是，一些企業開始推行一種年度的「總額獎勵計畫」，以此和每一個員工的報酬進行溝通，包括工資、體檢和傷殘福利、退休金等。意想不到的效果是，推行這種計畫的企業大幅度提高了員工對公司的信任度。這些企業的員工認為管理層對他們有更為深入的理解及支持並為他們做了很多工作。

進入21世紀後，社會化分工發展已經達到了相當的高度，有關員工方面的人力資源管理研究體系也日趨完善，但大多數企業出於直觀利益的考慮，單純追求私利，不太關注員工的利益，這樣企業就沒辦法獲得員工的信任。一個沒辦法獲得員工信任的企業將無法獲得長期的發展。

人類生產活動的原動力是什麼？是個人的需求，也就是私利。這個私利不但是人類生產活動的原動力，而且是唯一的動力，除此之外，我們找不到其他動力。私利作為人類生產活動的原動力，自然催生了生產的積極性。這個生產積極性是勞動者最基本的生產積極性。勞動者還可以產生其他的生產積極性。

在稻盛看來，企業是一個經濟組織，是一種以贏利為目的的經濟組織，同時，企業也必須承擔一定的社會責任。企業追求私利天經地義，而企業履行社會責任也是不

可或缺的一個方面。企業或是社會的發展，都是因為人們追求利益的結果，所以企業要想追求利益就得權衡各個方面的利益，不能單純追求私利，在追求企業利益的時候，要兼顧員工的利益，這樣，企業就能獲得員工的信任和支持。

稻盛說：「石牆縫裡閃光的小碎石同樣重要。」他的意思是，在經營企業時，企業裡的每一個員工都很重要，每一件物品都有它的用處，不能因為物品小或是員工在企業中所處的位置低，就輕視他。也就是說：「企業成敗的關鍵在於是否把員工視為最重要的財產，是否尊重每一個員工。如果做到這一點，就能依靠員工創造出不同凡響的業績。」

稻盛指出，每一個員工都在以不同的方式在管理者的引導下為企業做貢獻，儘管在很多情況下不是員工自發的，但是企業領導必須在關注企業效益和客戶發展的過程中，重視員工的價值。只有認識到「石縫裡閃閃發光的小石子也同等重要」，才能合理利用人才資源，使企業獲得長遠的發展。

8．「利他」是企業經營的起點

所謂「利他」之心，在佛教來說就是「與人為善」的慈悲心，在基督教來說就是愛。「渴盡所能為世間、為人類付出。」利他不管在個人人生中，或在企業經營中，都是不可或缺的一個重要字眼。稻盛和夫不單是因為他親手創建的兩家世界五百強企業，更多人關注的則是他的經營哲學：「利他」。稻盛和夫說，自利是人的本性，沒有自利，人就失去了生存的基礎。同時，利他也是人性的一部分，沒有利他，人生和事業就會失去平衡並最終導致失敗。

在稻盛看來，人們在自利利他的原則指導下發展起了工商業，社會得到快速發展，人們也掌握了商業這一新工具。但時至今日，越來越多的人覺得利他的回報不可靠，利己的收益則近在眼前。

「利己」和「利他」某種程度上是辯證統一的，我們說一個人是否自私，個人品

質如何，關鍵是看他身上「利己」和「利他」精神各占的比重有多少。高尚的人處世為人，總要考慮他人感受和社會利益，善於克制自己。

這個世界不是只有我自己在生存，還有我們。

他認為：經營企業追求利潤，在市場競爭上打敗對手，這當然很對，但如果把這個東西推演到企業內部的文化上，企業員工就會說，你的企業是追求最大的利潤，以最小的付出獲得最大的收入，我們員工也是以最小的努力要獲得最大的收益，這樣的企業能有競爭力嗎？能有凝聚力嗎？所以，這個文化就開始改變，我們要從完全的利己改為策略性利他。

世界上不可能沒有利己，利己不是罪惡，但是世界上也不能夠沒有利他，利他也不是烏托邦，而是文明進步的精髓，具有利他精神的文化變革使企業競爭力昇華為更高一階段的重要標誌，也是商業文明發展到更高階段的一個重要的標誌。

在弱肉強食的商業世界裡，如果頻繁地將「利他」、「愛」、「同情」等話語掛在嘴上，盡說些「好聽的話」，於是就有人質疑，在這些甜言蜜語背後究竟隱藏著什麼目的。但是，稻盛壓根兒沒有利用花言巧語取私利的企圖，他只不過是把自己的信仰如實表達出來，並且自己堅持認真實踐而已。

回顧歷史就能明白，資本主義起源於基督教社會，特別是其中倫理嚴格的新教社會。初期資本主義的旗手都是虔誠的新教徒。根據馬克斯・韋伯的觀點，這些新教徒貫徹基督教的「愛周圍的人」，遵循嚴格的倫理規範，尊重勞動，把通過產業活動獲得的利潤用於社會發展。

因此，他們以任何人看來都是光明正大的方法追求利潤，而且，獲取利潤的最終目的，歸根到底是貢獻於社會。

換句話說，為世人為社會的利他精神——不是謀取私利，而是追求公益之心——成為初期資本主義的倫理規範。

對內，他們以嚴格的倫理約束自己，對外，他們貫徹利他的精神，把這兩者看作自己理所當然的義務。這樣做的結果，就促進了資本主義經濟的快速發展。

日本江戶時代中期的思想家石田梅岩（一六八五～一七四四年）也提出了相同的主張。當時日本的商業資本主義正處於勃興期，而在歷來的身份等級制度中，商人的地位最低，社會風氣把商業行為看得很卑下。

這時梅岩提出：「商人的利潤等同武士的俸祿。」商人獲利和武士食祿具有同樣的正當性，絕不是什麼可恥的行為。梅岩的觀點激勵了許多背後受人鄙視的商人。

但是，梅岩又說：「求利有道。」追求利潤絕不是罪惡，但其方法必須符合為人之道。不是為了賺錢就可以為所欲為，獲取利潤必須通過人間正道。他強調了商業行為中倫理道德的重要性。

「真正的商人應考慮人我雙贏」——這是石田梅岩的話。意思是商人從商的極致就是讓對方得利、自己也獲利。就是說，這中間包含了「自利利他」的精髓。

求利之心是人開展事業和各種活動的原動力。因此，大家都想賺錢，這種「欲望」無可厚非。但這種欲望不可停留在單純利己的範圍之內，也要考慮別人，要把單純的私欲提升到追求公益的「大欲」的層次上。這種利他的精神最終仍會惠及自己，擴大自己的利益。

其實，經營企業這種行為，已經包含了「為世人為社會」的利他的精神。

現在，傳統式的終身雇用制在逐漸瓦解。但雇用員工意味著承擔義務，就是照顧這位員工一輩子的生活。所以，五個人也好、十個人也好，只要雇用員工，就構成

「為人」的行為。

不僅是經營企業，個人也是一樣。當你獨身時，會優先考慮自己一個人的生活，但一旦結婚成家，就要為夫人做事，為養育孩子負責。這時候，你個人的行為無意中就包含了利他的要素。

不過，要注意的是，「利己」和「利他」總是一體兩面、相輔相成的。就是說，小單位的利他，從更大單位的角度看，或許就變為利己。比如，為企業、為家庭，確實包含了利他之心，但是，不管怎樣，「只要自己的公司賺錢就行」、「只要對自家有利就好」。如果你這麼想，就已經變成了利己，你也就只能停留在這種較低的層級之上了。

為公司利益的行為，雖然包含了「利他」，但如果只為公司，從社會的角度看，這就只是公司層次的利己。為家庭這種個人層次的利他，如果只為自己的家庭，從別的角度來看，就反映出家庭單位的利己——因此，為了超越這種低層次的利他，必須養成在更大視野內（客觀）觀察小事物的眼光，從更大的視角、以相對的觀點來審視自己的行為。

比如，經營企業不光是自己公司要贏利，也要考慮客戶的利益，還要對消費者、股東、地區作出貢獻。另外，與自己個人比，要更多地為家庭；與家庭比，要更多地為地區；與地區比，要更多地為社會，進而為國家、為世界、為地球、宇宙作貢獻，利他之心盡可能擴大，盡可能提升。

這樣做，自然而然就能拓展自己的視野，就能看到周圍各種各樣的罪物。據此就能做出客觀的、正確的判斷，就能避免失敗。

第八章 成功的團隊＝將員工培養成共同的經營者

1．努力實現員工幸福，並對社會做出貢獻

稻盛和夫說，當年他們8個志同道合者創辦了京都陶瓷株式會社之後，發現自己捅了個大簍子。之所以這麼說，是因為他們8個技術人員是為了檢驗一下自己的技術能否得到社會的認可而創立的這家公司，而明知道我們是一家名不見經傳的公司的員工們卻是抱著託付終身的想法進入公司的。

在日本的社會體系中，公司是人們賺錢養家糊口，託付終身的地方，而經營者卻把公司當作檢驗自己技術的地方，對員工而言，這是非常不幸的。進了這種公司的人將來很有可能吃大虧。

發現這個問題之後，他強烈意識到自己肩負重擔。平時，稻盛經常對員工們說：「雖然我們現在還是一家小公司，但我們一定會拼命努力讓它茁壯成長的。」員工們聽了這番話之後，都充滿著期待。可是，他卻把檢驗自己的技術作為經營的出發點，這實在太可怕了。

於是，他開始認真地思考一個問題：「公司到底應該是個怎樣的地方？」苦思冥想之後，他決定把經營理念設定為「在追求全體員工物質和精神兩方面幸福的同時，為人類社會的進步發展做出貢獻。」他把守護公司的員工及其家人，讓他們度過幸福的人生作為經營的目的。另外，他還可以用自己開發的新技術為人類的進步作貢獻。公司發展壯大，利潤增長之後，可以將其中的一部分作為稅金交給國家或地方政府，這部分稅金又作為預算用於公共福利等。

在創立第二電電時，稻盛曾經把員工們召集起來強調道：「讓我們為減輕國民的通信費負擔而行動起來！參與這個高瞻遠矚的項目一定可以使大家的人生更有意義。能夠親身見證這個百年一遇的重大社會變革，我們是幸運的。我們應該心懷感恩，奮不顧身地去實現這個宏偉計畫，因為這既能造福社會，也能造福國民。」

包括第二電電在內的三家企業在市場上展開了激烈的競爭。實際上從一開始運營，本應位於最下風的第二電電就以絕對優勢引領了市場。這是因為第二電電的全體員工心中有大義、責任感和使命感，在此基礎之上，他們以昂揚的鬥志致力於搶佔通

信線路市場。目睹了第二電電員工們這種精神面貌之後，代理商和使用者也都給予了全方位的支持。

進一步來說，（中略）他認為這是自然、上天對第二電電的春顧。上天認同了這些充滿偉大的大義、偉大的使命感的行為，並助了第二電電一臂之力。結果，新電電三家企業之間產生了巨大的差距，JR賣掉了日本電信，道路公團和豐田創立的日本高速通信現在也被KDDI併購了。

另外兩家企業有技術、有資金、有信譽、有營銷能力，似乎萬事俱備，可是對方卻失敗了，只有胸懷大義、致力於降低通信費用以造福國民的第二電電取得了成功。現在，第二電電作為KDDI依然在不斷地茁壯成長，繁榮發展。稻盛認為，這個現象也證明了大義，即使命感和責任感，可以轉化成一股巨大的力量。

2．培養員工的經營者意識，打造共同經營者

稻盛和夫說，企業的經營哲學，是指企業在經營活動中，對發生的各種關係的認識和態度的總和，是企業從事生產經營活動的基本指導思想，它是由一系列的觀念所組成的。企業對某一關係的認識和態度，就是某一方面的經營觀念。企業無論是否已經認識到、自覺或不自覺，客觀上都存在著自己的經營思想。因為企業在經營過程中需要處理的關係涉及方方面面，對某一方面的認識和態度，就是某一方面的觀念。這一系列觀念的總和就是企業的經營思想，由於人們對企業經營中的主要關係的認識存在差異性。因此，對企業經營思想的主要內容的認識也存在區別。

剛開始創業時，稻盛與員工之間也就明確為一種夥伴關係。那時，他處處衝在第一線，是研發、製造、技術服務等領域的大頭兵，可以說是陣陣不落。但是公司擴展成了一百人、二百人、三百人，他再能折騰，再陣陣不落，也忙不過來了。面對如何讓企業正常的運轉、繼續發展的問題，稻盛於是想到了《西遊記》中的孫悟空一遇險

情，就會拔出一把毫毛來一吹，化成幾十個分身，這樣每一個敵手面前便都有一個孫悟空在那裡對壘。

稻盛有一天突然產生一個想法：「既然我一個人能夠管理一百名員工，而一些中層人員還只能管理二三十人，為什麼不把公司分解成若干小集體呢？何不培養幾個經營者，來共同管理呢？」正是由於這樣的思想，他開始在公司裡宣揚他的經營哲學，不久之後，體現稻盛「敬天愛人」、「以心經營」思想的「員工手冊」問世。

《京瓷哲學手冊》成為員工人手一本的語錄。每天早晨，京瓷公司員工都有早讀的安排。每天結合你自己的任務和緊迫需要處理的事，讀《京瓷哲學手冊》都會有不同的感受。宣揚經營哲學的主要目的就是培養經營者，將好的經營理念、經營哲學傳授給一批新的經營者。

一家企業即使財力雄厚，擁有大量的優秀人才，但是如果不能樹立明確的經營理念，那麼它終將難以維持有效運轉。企業領導者所展示的經營理念和經營哲學能否最終取得企業員工的認同的關鍵則在於，這些經營理念和經營哲學是否會引起員工發自內心的共鳴。如果企業的經營理念和經營哲學能夠在立足於大義名分的同時，將企業的自身目標設定為追求企業員工的幸福、為社會的發展做出應有貢獻，那麼就自然能夠引導員工任勞任怨地積極投入到各項工作之中。

有許多經營者在認真地學習稻盛和夫的經營哲學、建立自己的哲學觀的同時，也在努力謀求手下員工對於自身哲學觀的認同。在這樣的實踐活動當中，有不少參加了盛和塾學習的企業經營者成功地將本來只有數個百分點的企業利潤提高到了十多個百分點以上。

稻盛和夫有很多信徒。他的「敬天愛人」、「利他」的經營哲學，被日本企業界奉為圭臬。他在第十六屆盛和塾全國大會上發表講話。他像個真正的宗教領袖那樣，向他的商界門徒們傳授了「六項精進」的訓誡：付出不亞於任何人的努力；要謙虛，不要驕傲；要每天反省；活著，就要感謝；積善行、思利他；不要有感性的煩惱。這些經營理念是商人們求知若渴的成功配方，但更是開給企業家們的一帖美味可口的心靈雞湯。

稻盛在經營過程中，非常注重提高員工的經營者意識，培養員工經營者意識，是

理順企業內部生產關係，實現統一意志，集體奮鬥的思想基礎，也是充分調動員工能動性，挖掘人才潛力，增強企業凝聚力，提高企業戰鬥力，以不斷適應市場經濟需要的重要措施和方略。而一個企業的經營理念和信息共用最能激起員工的共鳴，最能使員工產生歸屬感和責任感。

首先，企業的經營理念是經營者追求企業績效的根據，是顧客、競爭者以及員工價值觀與正確經營行為的確認，經營理念形成企業的基本設想與發展方向、共同信念和企業追求的目標。人總是需要一種精神來指引自己行為的走向。如果企業精心營造一種積極向上的組織文化，員工就會自覺不自覺地接受這種團隊精神和文化氛圍的薰陶，員工更容易融入這個群體。通過企業經營理念的滲透及企業目標的透明化、具體化，員工則更能明白自身在企業的價值以及自己的奮鬥目標，更容易獲得事業成就感和自豪感。

稻盛指出，企業經營理念是企業與員工的一種契約，經營理念將經營者的信念滲透至企業內部，在員工中相互共用價值，在企業內部營造一種一體感，也就是員工的經營者意識，公司上下產生相互之間的信賴。它確立了企業的主導價值觀，決定著企業經營的價值取向和精神追求，是企業生存的靈魂。對於企業的長遠發展來講，經營理念通過使組織成員理解關心的焦點和努力目標，並使之產生共鳴的形式明示，對於積聚資源具有巨大意義。企業行為真正的判斷標準在於企業設定的經營理念是否科學合理，其展開是否符合企業實際，是否易於被員工認同。科學合理的經營理念必然產生正導向，提高員工的經營者意識，引導企業成長壯大。

其次，他認為，提高員工的經營者意識能夠與員工風雨同舟，同甘共苦，還需要而與員工資訊共享，信息共享就要告訴員工真實的信息，以真誠的態度來對待員工，員工也是企業這個團隊的一員，信息資源分享更容易讓員工心態平衡，為激發其經營者意識打下良好的心理基礎。

員工來到企業，總會有所顧慮，待遇與承諾是否相符，自己能不能在企業得到更進一步的發展，會不會得到領導的重視等。這就需要企業領導者與員工進行有效地溝通，把公司的相關情況如實告訴他們，讓他們迅速、客觀了解企業的同時，儘快消除擔心與憂慮，做到心裡有底。

當然，員工也應該勇敢主動地說出自己的真實想法，員工進入公司後，就已經成

了這個團隊的一員，就必須全身心地融入其中，在理解企業文化的同時，盡力尋找自己的團隊歸屬感，從心理上把企業當作自己的「家」，並因此產生主人翁意識。此時的企業也必須處理好公司的內部管理事宜，為員工創造一種「家」的氛圍，使員工在潛移默化之中與公司、與同事建立起微妙的情感鏈。

稻盛不止一次指出，經營理念和信息共享是企業走向成功的驅動器。經營理念是一種總的指導原則，同時也是規範企業行為的一種行為准則，它為企業的發展指明了總體的方向和目標，而信息共享則能讓企業領導和員工產生一致的行動，減少分歧和信息不對稱。一個聰明的企業領導者要學會用經營理念和信息共享提高員工的經營者意識。

3．企業應是所有參與者都能獲得成就感的舞台

每個人都希望自己在人生舞臺上事業有所建樹，才華得以施展，情感得到尊重，

這是所有個人願景都應包含的。因此，對於這樣的個人願景必須鼓勵和支持，平等對待公司裡的每個人，彼此尊重，相互包容，形成一種快樂和諧的工作氛圍。在這樣的團隊工作和生活可使人精神振奮，自身潛能得到充分的發揮，使每個成員更加自信，充分體現每個成員的存在價值。

在制定團隊的發展方向和奮鬥目標時，領導者必須充分考慮到員工的個人價值，根據每個人的不同特點，量體裁衣，將他最擅長，也最能做好的任務委託給他，這既可促進團隊工作的開展，又可使員工的才能得到充分發揮，如此，能讓他們意識到，這件事必須由我辦，只有我能夠辦好。使每個員工都突顯出個人價值並獲得工作成就感，從而在以後的工作中不斷實現自我超越。

在「許多企業疑惑為什麼給了足夠高的薪水，還留不住人」這個問題上，稻盛給出了答案：關鍵的還是忽略了企業文化在工作中的重要性，企業應該注意以企業文化引導員工，使其逐步認同企業的工作氛圍。並通過各種文化推廣活動強化企業的文化特色，統一思想，建立一種企業應該是所有參與者都獲得成就感的文化，即：企業真誠感謝員工為公司發展做出的貢獻，讓所有員工都擁有一種有成就感。如此，員工便

會感激企業給予的發展機會，如此建立坦誠的溝通管道，以情感和感激來聯繫企業和員工，從而減少核心員工的流失。

稻盛進而指出，高薪只是短期內人力資源市場供求關係的體現，而福利則反映了企業對員工的長期承諾。深得人心的福利，比高薪更能有效地激勵員工。為了最大限度地滿足不同員工的差異性福利需要，可推行彈性的員工自助性福利計畫，即允許員工在一定的範圍和要求內，不同等級的員工以及不同工作績效表現的員工可以選擇不同等級的福利計畫。

這樣不僅可以加強員工對自己福利計畫的參與，使員工產生有權利和價值的感覺。領導者要善於運用自己的情感去打動和征服下屬的感情。同時，管理者應表現出對員工的誠摯關心和熱情，多從員工的角度來想問題，理解員工的需要。比如，在施工企業中，大多數一線員工都是從各地聚到一起的。他們遠離家人，更需要管理者的關心、認可與信任。基層管理者更要注意感情的投資，對員工要有深厚的感情，真心實意地關心和愛護自己的員工，增強員工對企業的凝聚力和向心力。

美國管理學家彼得・杜拉克認為：「讓全體員工都站在上司的立場考慮問題的關

鍵，是要使他們感到自己是企業的主人。」他還說：「何為經營之本，我認為就是造就人才。」

企業發展的關鍵在於合理使用人才，給人才一個發揮自身才能的舞臺，做到人盡其才，才盡其用，使人才有施展才華，發揮作用的機會，否則，企業提供的待遇再好，也很難留住人才。企業要根據核心員工的不同特點，依據崗位准入條件，公開公平地選聘人員，通過聘期考核，實行崗位動態管理，使能者上庸者下，吐故納新，始終保持崗位人員的生機和活力。

企業是一個員工實現其人生價值的重要場所，應當為員工搭建一個事業的舞臺，給員工提供完成工作所需要的一切資源，讓每位有能力、有抱負的員工在這個舞臺上充分施展，將員工的希望和夢想和企業的目標聯繫在一起，使員工真心實意地為自己的成功、同事的成功和企業的成功而努力。

4.致力經營技術、心態、和諧融合一體

正如被世人歸納為人、財、物三點一樣，一般人都把人才、產品、設備、資金等看得見的資源看作是決定企業發展的重要因素。對於企業發展靠什麼這個問題，歷來企業家眾說紛紜，莫衷一是。有人說企業家最重要，理由是企業家少，能夠取得成功的企業家更少，是企業發展的稀缺資源，必須把企業家培養好、保護好、用好。

在企業如何發展的問題上，有的說企業團隊重要，光有企業家不行，還得有一個團隊，這個團隊的主體是員工。有了這樣一支隊伍，我們的企業就肯定能搞好。有的說企業發展要改革財產組織形式，把企業的財產與個人，尤其是與經營者個人結合，並且結合得越緊密越好，企業就能搞好。有的說企業技術進步最重要，技術進步是企業持續發展的關鍵所在，技術權威成了企業高管人員，一切按照技術要求辦事。

當今企業，尤其是企業管理團隊，要面對市場上許多複雜的環境，有很多的誘惑，需要加強監管，這關係到企業的安全。稻盛認為，代表一個企業經營目標的經營理念，以及企業所秉持的經營哲學等看不見的因素與看得見的資源一樣，對於企業的繁榮和維繫都是不可或缺的重要存在。

他更指出：「技術、心態、和諧，只有在這三點融合一體時，才能催生強大的企業。一個強大的企業不僅要在技術層面上具有優勢，其綜合實力也應該具備同等優勢。對於企業而言，只有在技術實力、行銷能力、員工心態、企業內部成員關係等所有層面上保持優良狀態，才能夠始稱強大。僅靠某項技術立足的企業，遲早會隨著這項技術一道隕落。因此企業管理者必須摒棄『唯技術論』的經營理念。」

企業的發展壯大首先是靠技術的發展和創新。企業的發展如同自然界生物，需要不斷地吐故納新，從而維繫生命的延續。不斷更新，開拓思路，創造市場，因為任何產品只要一投放到市場，同顧客見面，就已經淘汰，它有優點的話，必然有缺點，如果下一代產品不能改變這些存在缺點，那將意味著要淘汰。因此，創新也就是尋求發展，不斷打破自我平衡，完善自我的過程，尤其是已取得成功的企業，往往容易滿足於現狀，沾沾自喜，高枕無憂，直到有競爭對手出現在面前時，才去努力，結果坐失良機，以致被對手打敗，吞併。

員工的心態很重要，企業員工的主動性和積極性才是企業發展的原動力。對每個員工，不斷提出新的進取目標，讓他們對企業具有強烈的事業心，責任感和奉獻精神，發展企業談到底是人，產品的品質就是人的素質，優秀的產品是優秀的員工生產出來的。只有一支高素質的充滿創新意識的新型管理隊伍，才能為企業不斷注入活力，使企業長久不衰。優秀的企業文化是中小企業獲得發展的重要根基。這是因為中小企業與大企業相比，在資金、設備、人才等看得見的資源方面，不管在哪個要素上都處於明顯的弱勢。

因此中小企業要想在激烈的競爭中取勝，就絕對不能一心只注意這些要素，還必須在企業文化上下足工夫，取得不凡的成果，從而為企業贏得足夠的競爭力。

因此，我認為企業的領導者在進行企業的經營活動時，應該將最大的關注點放到如何確立企業的使命和目標、創造優秀的企業文化上，力爭與企業員工在思想和認識上取得一致。

企業文化也是是很重要的部分。一家企業即使財力雄厚，擁有大量的優秀人才，但是如果不能樹立明確的經營理念和哲學、無法提高企業員工的凝聚力，那麼它終將難以維持作為一個組織的有效運轉。誠實守信的企業文化是企業發展的根本，不講誠信的企業沒有能生存長久的。

企業文化只要能夠立足於傑出的經營理念，就必然能夠得到企業員工發自心底的認同，使他們主動採取行動，積極推動企業的發展。而這種企業員工的主動性和積極性才是企業最寶貴的財富和發展的源泉，並且也只有那些能夠不斷激發員工主動性和積極性的企業，才能跨越不同時代，永遠保持興旺。

不要以舊觀念使勞資雙方對立，就是要正確對待勞資關係，要認清勞資關係雙方是因為能夠互相帶來利益而走到一起的，雙方擁有共同的目標，彼此雖是對立關係，但更是合作關係。這也正是稻盛始終強調的「企業主人」的觀念，把企業的發展當成自己的職責，只要企業發展好了，無論對誰都有好處；也只有企業發展好了，才能使自己的利益最大化！

隨著社會生產力的發展，企業經營和管理理念的發展，越來越多的企業經營者認識到，運營中的企業是一條行駛於浪中的船，勞資雙方分別是船長和舵手，無論誰製造矛盾，不僅船不會向前行駛，還可能使雙方都同船一起沉入水底。船長和舵手的矛

盾是關係船是否能行駛的核心矛盾，勞資關係也表現為企業的核心矛盾。所以，企業家都紛紛學習如何改善勞資關係，創建新的勞資關係。於是一些企業家呼籲企業管理人員應該實現觀念上的徹底轉換，改變舊有的、傳統的管理觀念，不要以舊觀念使勞資雙方對立。

當稻盛被問到如何提高企業員工的積極性，如何使員工齊心協力為企業出力時，他指出，不要以舊觀念使勞資雙方對立，領導者在經營企業時要學會為員工著想，也就是他自己經常說到的「利他」，只有你以新的觀念看待勞資關係，認識並且肯定員工的工作，才能得到員工的敬重和信任，這樣才能建立和諧的內部經營氛圍，員工才能為了企業而努力工作。

在稻盛看來，不要以舊的觀念使勞資雙方對立，就需要新的對勞資雙方關係的認識，這個認識需要在一切企業人當中進行完全的思想革命，改變自己對待工作和責任的態度，改變他們看待企業家或是企業管理者的觀念。同時，企業經營者和管理方面的組長、廠長、雇主、董事會，也要轉變他們改善工人的待遇，改變他們對員工的態度並且要承擔企業的社會責任。

5．經營者光靠激情並不足以推動企業發展

稻盛和夫認為激情是一個企業成功的必要因素，但經營者光靠激情並不足以推動企業的發展。誠然，企業經營者充滿激情就會情緒高漲，幹勁十足，信心百倍，覺得自己擁有無窮無盡的力量和智慧，經營者的這種激情是一種稀缺的精神資源，是一種昂貴的精神品質，它產生一種強大的趨力，讓經營者充斥著強烈的感覺和高昂的情緒，在高度自覺的狀況下，把全身心的每一個細胞都調動起來。它是一座隱藏的火山，一旦引爆，能量巨大無比，能夠融化一切，創造一切，讓我們周圍的一切產生一種化學反應，發生質的變化。

然而，經營者光靠激情，而沒有使命感、責任感和行動的魄力，企業仍然很難取得進步。富有使命感，才會專注於自己的本職工作，甚至勇於承擔更大的使命；富有責任感，內心的激情才能聽從召喚，不因外界的干擾和一時的挫折而氣餒放棄。當激情、使命感、責任感都化為經營者自身的行動時，企業能夠取得的成就和達到的高

度，最終會讓人們驚詫不已。

在稻盛看來，激情是動力，是助推器，有了激情然後加上自己的努力就會將今天的不可能變成明日的事實。英國哲學家約翰·史都華·密爾說過：不管是最偉大的道德家，還是最普通的老百姓，都要遵循這一原則，無論世事如何變化，也要堅持這一信念。它就是，在充分考慮自己的能力和外部條件的前提下，進行各種嘗試，找到最適合自己做的工作，然後集中精力、全力以赴地做下去。

全力以赴的人是企業最寶貴的財富，因為全力以赴，經營者就能不惜一切代價，不達目的誓不罷休。把自己的激情轉化成比別人多幾倍的努力和艱辛，想盡一切辦法把工作做到出色。而且，全力以赴地做下去就會對工作總是具有強烈的進取心，知道自己需要什麼，知道企業需要什麼，怎樣才能做到。

稻盛指出，每個經營者的內心都有對成功的渴望，都具備創造成功的激情。真正的激情是成功和成就的源泉，有了激情，經營者甚至可以預見自己每天的銷售量以及收入和支出的金額。企業的發展像是一部電影在你的眼前呈現。這個企業似乎擁有自己的生命，而且流光溢彩。於是，經營者感覺到從內心升起一股信心，使得計劃成功，並開始對未來感到樂觀。

當然，具備了激情，只是成功了一半，並不能帶給企業真正的發展。這時，就是經營者出發的時候了，也就是將激情與夢想付諸具體的行動。一旦行動開始了，就要有決心和毅力堅持下去。不成功，絕不罷休。這就需要經營者用心對待每一件事，認真做好每一件事，全力以赴。領導者的行動、行為的好壞就像一把火席捲整個團隊，將會影響員工的行動積極性和企業的發展。因此，激情只是腦海中的一幅藍圖，一個宏偉的計畫，每一個計畫的實現都要付出不亞於常人的努力，只有努力和付出才能有回報。所以，經營者激情再加上行動才是推動企業發展的馬達。

稻盛認為，人要時刻保持清醒的頭腦摒棄，不該有的欲望，心就能亮堂堂，照得見自己也照得見他人。人活著，僅有聰明是不夠的，還需要善於理性思考，用理智駕馭自己的欲望，明辨是非，認清潛在的危險，不貪非分之利，否則最簡單的問題也會變得複雜。

他還說，在企業經營中，為了企業的生存和員工的發展，利潤是雇主不得不追求的。這沒有什麼可恥的。自由市場的原則就是競爭，利潤是正當營業所應得的報酬。

無論是員工還是管理人員都是通過努力工作才獲得利益的。

然而，如果讓利益蒙蔽了雙眼，完全屈服於「利」，這就成了貪婪。所有利潤都應是辛勤的勞動換來的，把利潤投入到品質改良上以滿足客戶的要求，才是正確的，才是能夠保持企業長遠發展的選擇。

6．不要追逐利潤，要讓利潤跟著你跑

企業發展時要克制貪心，做到適可而止。已經取得贏利的時候要注意獲利了結，不要總是貪心想賺取更多的收益。這是稻盛和夫提出的觀點，他還指出：「不要追逐利潤，要讓利潤跟著你跑，使收入最大化，支出最小化，是企業成功的基本概念。利潤無法通過追逐得來。只有持續增加收入、減少支出，才是企業獲得利潤的根本途徑。」

不要追逐利潤，意思是企業不能只是一味地追求利潤的增長，要在追求企業發展

的道路上始終堅持企業賴以發展的基本原則，要承擔社會責任。也有人曾經說過和稻盛和夫相類似的話，著名管理學家彼得・杜拉克曾說：「企業目標唯一有效的定義就是創造顧客。」他的意思是：企業要是只是追著利潤跑的話，不僅會使企業領導人迷失方向，而且還會造成經營文化氛圍的混亂，甚至有時候還會失去員工的信任，以至於危及企業的生存。

單純追求利潤的企業可能為了今天的利潤而危害了明天的發展。追著利潤跑的企業領導人可能看不清企業長遠的發展方向，可能就為了短期的利益而使企業大量生產容易推銷的產品，結果造成了產品的堆積和資金的佔用。追著利潤跑的企業也可能因為短期的利益，捨不得在產品研究工作、員工培訓等長期投資方面花錢。特別是他們不情願進行任何基建投資來擴大企業的固定資產基礎。這樣一來，他們的設備就可能陳舊，以至於達到危險的程度。

根據稻盛和夫的經營理念，不要追逐利潤，就是不要單純地追求短期的利益，要懂得為企業的發展做長遠的計畫和打算。這與彼得・杜拉克提出的「必要的最低利潤，是維持企業繼續生存和發展的保證」的理論不謀而合。

面對日趨變化的社會環境，企業目標不應是單純地追求企業的利潤，還要將社會責任、尊重人等都作為企業目標的組成部分。在現代社會中，傳統的企業利己主義和單純的追求利潤會受到社會的批判。企業不僅是由員工、經營者和投資者為主體組成的經濟組織，也是一個包含顧客、供應商、競爭者、政府等要素在內的開放系統。

任何企業大多數都是由小而大的，不可能一步登天。企業的利潤都是一點點慢慢積累和贏得的。追求利潤是每個企業經營的目的，是天經地義的事。問題是怎樣追求利潤呢？

有一個人憑著自己的才能和毅力開創了一家公司。在經營和發展這家公司時，他把「顧客為先、薄利多銷，童叟無欺、誠信為本」作為公司的經營目標，而不是像有些企業一開始就以追求利潤為目標。剛開始他的公司出產的產品利潤很少，大家都認為像他這樣肯定會虧本，甚至過幾個月公司就要倒閉。但是經過幾個月的時間，他的公司開始贏利，事實證明他制定的目標是非常正確的。

和同行的其他企業比起來，他們的產品不但價格實惠，而且品質也高，這樣他就贏得了顧客，大家都喜歡他們的產品。加上他們公司的誠信的理念，使他們在市場上有了很好的聲譽。每件產品都比別人少掙一點，雖然損害了短期的利益，但是正是因為他不追逐短期的利潤，而是著手長遠，以過硬的品質和低廉的價格贏得的顧客的不斷增多，這樣長時間之後，他的公司所掙的錢並不比只追求強調利潤的公司少，反而還多了一倍。

當其他公司醒悟並開始效仿他們，打價格戰時，由於他的誠信和慣性消費令顧客更多地選擇了他的產品。加上他又在產品的更新換代上大下功夫，把一些更適合顧客的產品推向了市場，依然秉承著公司的一貫宗旨，並沒有趁機謀取暴利。正是他的這種以顧客滿意為滿意，以顧客需要為需要的方針，為他贏來了更多的顧客。而顧客的增多也為他帶來了更多的利潤，令他的公司獲得了更大的發展。

這就是稻盛說的「不要追求利潤，讓利潤跟著你跑。」只有不單純追求利潤，在必要時割捨一定的利潤，如承擔其在環保、就業、社會穩定等方面相應的責任，和對顧客做出讓利等。由此而保持自己在公眾中良好的形象，這樣利潤就能跟著你跑。否則，以強調和追求利益為目標的企業，只會贏了今天輸了明天。

企業的發展樹立正確經營目標尤其重要。如果企業為了片面追求利潤，損害消費

者利益，毀壞企業自身形象，破壞生態環境，必然帶來惡劣的社會效應，這樣惡性循環，企業最終還是沒有利潤可以追逐。只有企業樹立正確的經營理念，把顧客利益放在首位，讓消費者滿意，承擔社會責任，企業才能有經濟效益，社會效益，這樣不用企業追逐利潤，利潤就會跟若企業跑。

企業若為了追求短期利益不尊重消費者或社會的利益，勢必得不到消費者或社會的認可。所以企業在追求利潤的同時，必須不能損害消費者或社會的利益，這樣才會得到源源不斷的顧客認可，企業才會有長遠的發展。只有真正把顧客利益放在首位，真正尊重消費者權益，承擔社會責任的企業才會被社會所認可，最終才能讓利潤跟著企業跑。

7．簡單是企業經營的原理原則

企業經營的成功，就意味著企業的發展和壯大。要想使企業發展牡大，就得依靠企業的經營原理原則。

稻盛認為，懂得了企業經營管理的原理原則，經營者的頭腦就會清醒起來，精神就會輕鬆起來，眼界就會開闊起來，心胸就會寬廣起來，心理就會平衡起來，智慧就會啟迪出來，遇上問題就會心神自定，分析問題就會清晰明瞭，解決問題就會有條不紊，經濟決策就會正確果斷……所以，企業經營管理之道的實質就是企業的成功之道。要想成為一個真正成功的企業經營者，就要明白企業經營之道的原理原則。

我們很多人往往容易把事情考慮得過於複雜，其實，事情的本質是單純的。其實，表面看上去很複雜的事情，要是將其分解開來，也只是好幾個簡單的事件而已。企業經營也是一樣，稻盛和夫曾經指出，關於經營和會計上的技巧和秘訣，無非就是最原始最簡單的東西。也就是說，不要被細枝末節蒙蔽了雙眼，抓住問題的「根本」即可，即使最複雜的會計也是如此。無論多麼錯綜複雜的問題，都能追根溯源回到原點。面對千頭萬緒的經營或者會計上的問題，用簡單原理對事情進行判斷，就能化繁為簡。

優秀的企業都懂得擯棄複雜煩瑣的東西，依靠最簡單、平常的東西來解決問題。

比如IBM公司，就是靠著簡單而又明確的原則和信念，把員工凝聚在一起。這些原則和信念構成了IBM特有的企業文化。IBM的行為準則包括：一、必須尊重個人；二、必須盡可能給予顧客最好的服務；三、必須追求優異的工作表現。

這三條老沃森制定的簡單原則，一直是IBM的行事方向。

作為一個擁有40萬員工，年營業額超過五百億美元，在全球各國都有分公司的「巨無霸」企業，「行為準則」卻只三條，的確不易讓人理解。老湯瑪斯・沃森在一九一四年創辦IBM公司時，只是本著讓公司贏利，同時證明自己的價值這些基本而又簡單的想法，寫出了這三條準則，並以此作為公司的基石。他的目的簡單明瞭——只是讓那些為他工作的人明白，公司要的是什麼。

這些簡單原則，是任何一個IBM員工都必須堅守的基本原則。在IBM，任何決策和行為都是這些準則的體現。IBM的企業文化就是一種簡單思維指導下的文化，這種文化說明，簡單的原則比技術革新、市場銷售等的貢獻還要大。

IBM的原則簡單，執行則更為簡單，IBM對此只有兩個字——去做。IBM在會議、內部刊物、備忘錄、集會中所規定的事項，或是在私人談話中，都體現了其簡單原則。IBM公司所有的主管人員都必須身體力行這些原則，避免讓這些信念和原則變成空話，如此，則是在提醒全體員工：只有按照簡單原則行事，才符合IBM的要求，才能共同得到發展。

一個簡單的問題，不能人為地把它複雜化；一個複雜的問題，更要將之簡單化。任何大企業，無論其理念和管理手段多麼先進，都會由上至下逐漸減弱，因此，越是複雜的原則、理念越難以落實到基層，採取簡單的、通俗的原則，可以將之貫徹到最基層，從而也就很好地解決了流程和執行問題。國內的很多企業，規章制度動輒就是幾十幾百頁，其實這麼複雜的制度，有幾個人願意去了解呢？它們又怎麼可能被落實呢？所以，管理源於簡單，這是IBM這樣一個「巨無霸」企業的管理經驗對管理者很大的啟示。

稻盛和夫說，剛開始經營京瓷時，根本不知該如何經營一家公司，很茫然。當時他不管自己的困惑，決定就憑做人的是非判斷能力，選擇正確的事去做，並且堅持將它做好。當時他把「不說謊、不給人添麻煩、誠實、不貪心、不自私自利」這些簡單

的規範，奉行為企業經營的指導原則及行事判斷的守則。就是這些我們從小聽父母和老師講，但長大後，漸漸忘記的最簡單的做人的原則。

雖然當時稻盛對經營一竅不通，但是他相信不管是做什麼事情，如果違反大家共同認定的倫理與道德，是不可能成功的。就是在這些再簡單也不過的標準和原則的指引下，稻盛始終無惑地走在正確的方向，並且把公司帶向了成功之路。所以當別人問他成功的經驗和方法時，他說他擁有簡單卻強有力的指南針，讓他懂得去追求人所應為之正道。

通過稻盛和夫的成功經驗，我們能看到，其實簡單也可以作為企業經營的原則。這需要我們現在的企業經營者反省。隨著市場經濟競爭的激烈，越來越多的企業經營者不惜以損害消費者利益，損害員工的利益、毀壞企業自身形象，破壞生態環境為代價，追求企業的經濟效益。

這些企業雖然獲得了短期的利益，但最終還是會被消費者唾棄，最終失敗。要是企業家像稻盛一樣，用簡單的經營原則，尊重員工、體諒員工，尊重顧客，不要讓利益蒙蔽你的雙眼，秉持一顆判斷是非曲直的心，就能獲得成功。其實，企業經營也是和做人一樣，只有堅持做人最基本的原則，樹立正確的經營原則，踏踏實實堅持下去，才能獲得成功。

每個人都有屬於自己的夢想。夢想是美好而純真的。但實現夢想的過程卻是曲折而又艱辛的。只有不放棄自己的夢想，踏實努力地一步步前行，才能找對自己的人生軌跡，朝著夢想與現實交匯的地方不停奮鬥。在生命的征程中，踏實和努力是做好一切事情的必備品質。為了成功，我們需要抱著堅強的信念振奮努力去鋪就一條勝利大道，像松鼠一般孜孜不倦地努力，像蝸牛般踏踏實實地前進。

生活中，除去我們無法抗衡的自然災害，就沒有不可能完成的任務，也沒有解決不了的問題。所以只要是問題，就一定有辦法解決，不要說自己已經盡全力、無力可施了。不能太嬌寵自己，因為往往成功就在附近，只要你能再努力一把，再踏實一些，它就會出現在你眼前。

稻盛不止一次強調：「努力工作可以磨煉靈魂，經營則是靠踏實努力的積累。禪宗的和尚和修道的修行者們，在刻苦修行的過程中磨煉自己的靈魂。將心思集中到一點，抑制雜念狂想，不給它們作祟的空間，通過這樣的修行，整理自己的心緒，磨煉

自己的心志，造就純樺而優秀的人格。因此說，努力踏實工作和修行過程一樣，能磨煉人的靈魂。」

在世界級的大公司，管理人員都要從基層做起，連老闆自己的兒子要接班，也得在公司的每個崗位去做一遍。從基層幹起，踏踏實實地奮鬥，積累經驗、誠信和人氣，這是擔當重任不可缺少的要素。同時還可以讓員工經受艱苦的磨礪和考驗，體驗各個崗位乃至人生奮鬥的艱辛，更加懂得珍惜。由此可知，勤奮和踏實對塑造一個優秀人才是多麼地重要。

正如稻盛和夫說的那樣，做人很重要的方面就是要踏實努力，很多很有成就的科學家藝術家，都從始至終保持著踏踏實實的工作態度，努力地經營人生。比如愛因斯坦、蕭伯納、居禮夫人等。他們都在各自領域上有了一番成就，卻沒有因此而驕傲自大，為所欲為。他們依舊鑽研，依舊踏實、謙虛、努力，盡他們的能力去幫助他人，為社會甚至整個世界做貢獻。如果他們因取得的成績而驕傲，自滿，不再如往日那般勤奮，踏實，那就不會再有任何成就。

對個人而言，現在的工作業績就是明日你的簡歷上濃重的一筆，也是未來的資本。因此，在積累的階段一定記得把地基打牢。踏實工作才是智者的選擇。

企業的經營也和個人的發展經歷大致相同。要想使企業能夠不斷進步，就不能急功近利，奢望目標一蹴而成。經營需要在實踐中一步一個腳印地踏實前進，並在成長過程中不斷積累經驗，努力改善不完美的地方，最終實現蒸蒸日上的美好局面。

我們都要面對以後的人生道路，那會是充滿艱辛和競爭的旅途。是否成功，在於我們是否有踏實做人，本分做人的精神。我們需要知道，自己要做的事還有很多，還有很多東西值得去探索，學習，還有很多不足有待改進和提高，只有踏實本分努力上進的人，才能將本職工作做好，才能攀登一個又一個事業的新高峰。

我們都渴望生命中的鮮花與陽光，但卻無法拒絕和逃避生活的苦難，完美的人生就是要從挫折中獲取堅強，從失敗中看到成功的曙光。

8．傑出的經營者會游刃於兩極之間

現代企業面對的經營環境紛繁複雜、瞬息萬變，越來越多的人認識到作為企業航行的舵手——企業領導者必須具備優良的心理素質和準確的判斷力，以便於企業在航行時確定正確的航道和經歷大風大浪。正確的航道是組織存活的基礎，要是一個企業連目標都是錯誤的，那這個企業將無法生存、發展和壯大。作為舵手的組織者還要培養經得起風浪的勇氣和意志。

稻盛和夫曾經說過，作為領導者必須率先垂範，以親身背景做示範，教育員工。並且，身為企業的高層領導，綜合考量戰略戰術也很必要，如此往來於前線與後方，實行指揮，才是傑出的領導者。成功也是考驗，一時的成功不能保證一世的成功。其實，考驗並不是單指苦難，成功也是上天給予的考驗。即便憑藉一時的運氣獲得成功，也絕不能忘乎所以。不失謙遜之心，努力不懈，這點至關重要。

要學會虛心傾聽別人的意見，在自信的心態上還需退後一步，保持謙虛，向包括部下在內的各色人等請教，完善自己的想法。傑出的經營者在持有強硬領導力的同時，游刃於兩極之間，另一方面，也須兼備將前者予以否定的謙虛精神。

對於領導者，稻盛強調的是，作為經營者必須要具備領導力的這兩方面，即強硬的領導力和溫情謙虛的關懷精神。為什麼經營者要游刃於兩極之間，具備這兩方面的特質？因為領導人如果具有了強硬的領導力，那麼這個領導者將對工作中的人和事不帶感情因素，善於分析，思維清晰。這種領導者善於競爭，追求控制權。

與之相比，具有溫情謙虛的關懷精神的領導者積極參與各項事務，感情豐富，並且善於培養下屬。這種領導者善於合作，尋求意見的統一，傾向於通過非正式的協議和雙方之間的互諒互解。要想成為一個成功的領導者，領導企業走向成功，領導者必須具這兩種特質，才能使企業處在一個充滿競爭的環境中時，時刻處於競爭的優勢地位，才能積極面對企業生存挑戰。同時因為企業是由人組成的，他們掌握著組織需要的知識，並且渴望激情、挑戰、成就和被認可，這就需要領導人擁有這種溫柔的特質，這樣才能使企業上下團結一致，才能使企業有和諧的經營文化氛圍。

一位農場主為了解決某塊草皮過於茂盛又無暇修剪的困擾，從朋友的牧場買來了兩頭羊。體型較大的農場主管它叫麥克，比較瘦小的農場主叫它佩蒂。剛開始時，麥克和佩蒂被關在籠子裡。整個白天，麥克都不停地用頭撞籠子，直到晚上筋疲力盡了，才垂頭喪氣地躺下。而佩蒂，在撞了幾下之後就躺在旁邊，之後再沒動過。

過了幾天後，麥克和佩蒂開始被放出籠子，有一隻叫歐迪的小狗負責看護它們。這條狗體形很小，但卻異常兇悍，總喜歡追著麥克和佩蒂玩。剛開始，麥克和佩蒂只會埋頭四竄，直到有一次，佩蒂停下來朝歐迪衝來的方向頂了回去，歐迪立刻停了下來，和佩蒂對視了會兒後悻悻地走開了。之後，歐迪只待在離麥克和佩蒂很遠的地方。麥克和佩蒂對事情的反應也有很大的不同。當農場主將兩隻狗拴在鏈子上，有人靠近時，佩蒂起初不安然後漸漸接受，而麥克一直都是死命地往後躲。

農場主要將它們趕回籠子或是餵它們食物時，佩蒂很溫順，而麥克總是很不安分。到後來，農場主看到大個兒的麥克總是跟在小個兒的佩蒂身後，佩蒂去哪裡，麥克也去哪裡，而到了一個新地方，先吃草的一定是佩蒂，麥克都是在佩蒂吃過之後才開始，佩蒂慢慢地變成麥克的領頭羊了。

為什麼小個兒的佩蒂最後反而成了領頭羊，就是因為佩蒂身上具備了我們所說的領導者的兩種特質。一開始面對籠子及農場主的餵養時，麥克一味地亂衝亂撞，而佩蒂，只在最初嘗試了幾次就放棄了，可見佩蒂有辨析的能力以及冷靜、準確的判斷力。

具有這種特質的領導人在面對激烈和不確定的市場環境時能準確地做出判斷，能制定有利於企業發展的目標和方向，還能贏得下屬的尊重和擁護及對手的敬重。這種領導者能密切關注宏觀大局和微觀細節，關注客戶、顧客和下屬，發現需求和風險、問題以及機遇，制定全面的執行計畫。

面對小狗歐迪的追逐時，佩蒂從起初的逃竄到最後的反抗正體現了作為領導者的另一個特質，就是強硬的領導力，勇於接受挑戰。這種領導者能在必要時直接、明確、堅定、毫不含糊地說「不」。具有強硬的情感——穩重、果斷、無情，但不失人性。

稻盛和夫指出，領導者游刃於兩極之間，持有強硬領導力的同時，兼備謙虛精神將能讓企業獲得長遠的發展。同時具有這兩種特質，將有助於贏得權威和信任，有助於任務的完成，有助於確保強勢管理。傑出的領導者的目標在於創造條件，使員工和企業共同成長、發展和獲得成功，從而使企業獲得長遠的生命。

第九章

最優秀的領導人＝會聚人、會用人、會留人

1．堅信「一定能完成」的決心

一、樂觀設想，悲觀計劃，樂觀實施

稻盛和夫認為，在今後的全球商業競爭中，只會循規蹈矩、步人後塵的人是無法立足的。要想在競爭中活下去就必須將學到的知識活學活用，發揮出創造力和個性。任何人都必須有意識去尋找「自己的獨門秘器」。

京瓷的開拓史就是這樣。以稻盛開發出的精密陶瓷技術為代表，京瓷先後開發了從半導體零件、電子零件到太陽能電池的新技術。稻盛認為，要成就新夢想就必須樂觀設想，悲觀計畫，樂觀實施。

創新一定會遇到困難，但如果自己給自己砌一堵牆的話，就不可能有夢想。要相信自己有無限的可能性，相信自己什麼事都能做到，樂觀謀篇，大膽佈局。然而，計畫階段則截然相反，要小心翼翼，凡事從壞處準備，把所有的擔心都寫下來，反復琢磨對策，精心細緻做好準備。

在實施階段則要重拾樂觀。這是因為，如果悲觀的話，一旦計劃因故出現了偏差，則會唉聲歎氣，萎靡不振，停滯不前。實施時要抱著「車到山前必有路」的樂觀態度。

二、向自己的潛意識灌輸「我可以做到」的想法

每個人都有自己能夠感覺到的顯意識和自己察覺不到的潛意識。開車時腦袋裡想著工作上的事情，卻不會發生事故，這就是因為我們具有潛意識。

潛意識的容量是顯意識的數十倍，如果能充分利用的話，我們就可以實現連自己也不敢相信的成就。要想在工作中充分利用潛意識，就必須大量積累工作經驗。熱愛工作，廢寢忘食地想著工作的話，自己的所思所想就會滲透到潛意識中去。因此，即使顯意識認為已經竭盡全力、山窮水盡時，潛意識也可以像常用軟體一樣不停運轉，出其不意地冒出靈感，想到新辦法。

每個人都有無限的可能性。只要相信這一點，抱著「一定能完成」的想法，鍥而

不捨地努力，潛意識就會開始運轉，能力之花就會綻開。

三、將成功的通輸到潛意識中之後

1. 抱有純粹而強烈的願望——堅定不移地抱著「無論如何都要完成」的信念，對結果做出細緻而明確的想像。例如：「我想這樣度過一生」。「我想在工作中取得這些成果。」。
2. 每天堅持不懈，強化意識——將願望滲透到潛意識中去。只要不斷極度認真地思考，就可以在意想不到的時候找到解決問題的線索。
3. 潛意識中的靈感不請自來——精彩創意將從天而降。一些看似偶然的事情也可以變成機會，並積極利用。
4. 實現自己心中描繪的成就——強烈而持久的願望將變為現實，掌握全世界成功人士的「成功模式」！

當年促使78歲的稻盛和夫決心參與日航重組的有三項「大義」。

他說最終同意承擔（破產之後的日航）重組之任是出於以下三個原因——

第一、是對日本經濟的影響。日本航空不僅是日本代表性的企業之一，也是日本經濟持續衰退的象徵。我擔心，如果日本航空二次破產，無法重振雄風，這不僅會給日本經濟帶來更加沉重的打擊，還會導致國民失去信心。相反，如果能成功重組，國民看到連日本航空這樣的企業都能重組，就會對重振日本經濟恢復信心。

第二、是無論如何都要拯救日本航空留下來的員工們。遺憾的是，為了成功實現重組，不得不請一些員工離開工作崗位。但如果二次破產的話，則不僅如此，所有員工都會失業。出於無論如何都要為留下來的三萬二千名員工（本來有五萬人）保住飯碗的想法，即利他之心，我決心一定要重組成功。

第三、是為了乘客，即為了國民。如果日本航空二次破產，則日本只剩下一家大型航空公司了，這樣的話競爭機制就不管用了。競爭機制失靈的話，運費就有可能居高不下，服務越來越差。遭殃的是國民。正是因為數家航空公司互相激勵，才能為國民提供更加便宜、更加舒適的服務。所以，日本航空無論如何都是必不可少的存在。

日本航空的重組具有上述三項意義，即所謂的「大義」。正是因為有這些「大

義」，他最終才下定決心去重組日本航空。

2．成為一個成功人士的「六項精進」

在經營的累積經驗中，稻和夫盛曾經講過，要搞好經營以及成就精彩人生，必須做到「六項精進」。

他認為，「六項精進」是搞好企業經營的最低要求，同時也是一個人要成就精彩人生而必須遵守的最低要求。只要每天堅持不懈地踐行接下來要講的「六項精進」，很快就可以開啟自己能力之上的精彩人生，實際上，稻盛就是這樣一路走來的。

如果你想成就精彩的人生、幸福的人生、安穩的人生，或者想把企業經營搞得有聲有色、紅紅火火，讓員工高興，就必須嚴格遵守「六項精進」。

稻盛認為，搞好企業經營，度過幸福的人生絕非難事。只要遵守「六項精進」，一切都將易如反掌。

過去には感謝を
現在には信頼を
未来には希望を

一、付出不亞於任何人的努力

二、謙虛戒驕

三、天天反省

四、活著就要感謝

五、積善行、思利他

六、不要感性而煩惱

如果碰到因自己沒有能力（才能）、沒有機會而鬱鬱不得志的人，稻盛先生一定會對他說：「只要積極改變思維方式，任何人都可以改變命運。」

只要有一顆「好心」，就可以積極改變思維方式。稻盛先生認為，「好心」是指積極向上、富有建設性；具有團隊合作精神，尊重同伴；具有正能量，光明磊落；充滿善意，積極為他人著想，富有同情心；一絲不苟，表裡如一，謙虛肯幹；毫不利己，絕不貪得無厭，知足常樂，常懷感恩之心。「壞心」則完全相反。

如果一百分是滿分，你的「好心」大概是多少分呢？希望各位認識到，今後不僅

要提高技能、多考證，還要養心。

每天堅持不懈這樣做的話，就一定會時來運轉。

稻盛和夫認為領導者的要求必須「德重於才」在他的「人生方程式」裡，思維方式、熱情、能力三要素以乘積表示。

違規違法的精英們，他們都具備出色的才幹，也有熱情及使命感，付出的努力也在常人之上。但關鍵的「思維方式」出了問題，很可惜，他們的能力和努力無法用於正道。他們的錯誤不僅危害社會，也給自己套上了絞索。

這裡所講的思維方式是指人生態度，就是哲學、思想、倫理觀等，也可以說是包括上述各項在內的「人格」。而謙虛這項品德也是其中之一。如果人格扭曲，或者人格邪惡，不管能力多強、熱情多高——不！能力越強、熱情越高——帶來的結果是負值越大。

第二次世界大戰後的日本「經濟增長至上主義」壓倒一切。在這種背景之下，選拔領導者，與其注重人格這種曖昧的、難以考核的要素，不如重視與成果直接有關的能力這一要素。

比如在選舉中，能為地方帶來經濟利益的政治家容易獲得選民的青睞，在選舉中勝出。重才輕德的傾向在選民中占上風，很難矯正。

但是從前的日本人卻並不那麼急功近利，他們具備大局觀念。我們敬重的西鄉隆盛說過「德高者升官位，功多者厚俸祿。」就是說，有功績的人予以金錢獎勵就行了，重要的領導職位一定要有人格高尚的人來擔任。雖是百年以前的老話，卻普遍適用，在今天更有現實意義。

在今天這個道德淪喪、價值混亂的時代，西鄉隆盛的金玉良言更值得我們銘刻於心。凡位居人上者，比才幹更重要的是他的人格。才能出眾的人往往容易做才能的奴隸，把才能用錯方向。因此需要有一種力量來控制才能發揮的方向。

這就是道德，就是人格。一談道德，有人就覺得有「復古」的味道。但陶冶情操豈有古今新舊的區別。

明代思想家呂新吾在他所著《呻吟語》一書中明確提出：「深沉厚重是第一等資質；磊落豪雄是第二等資質；聰明才辯是第三等資質。」

這三種資質按順序來排就是人格、勇氣和能力。呂新吾希望領導者同時兼備這三種素質，如果按重要性排序，那麼人格第一，勇氣第二，能力第三。

熱情，都必須純潔無瑕。

因此，首先要捨棄私心，用清澈的心靈思考問題，依據這種思考拔出「正劍」，事業就能成功，人生就會幸福美滿。

前面提過，天堂裡的情形正好相反，客觀的條件相同，但結果完全不同。這裡的人用自己的長筷夾起麵條後送到對面人的嘴裡。「請您先吃。」對面人吃到後說：「謝謝您，現在應該您吃了」，把麵條送到這邊人的嘴裡。結果天堂的人都高興地吃上了美味的麵條，個個心滿意足！

住在同一個世界裡的人，因為有無關愛他人之心，而分出了地獄和天堂。這就是上述故事告訴我們的道理。

稻盛常常通過這樣的故事，向員工們強調「利他」的必要性。並再三再四強調，要經營好企業，每個人內心一定要具備「為世人為社會」盡力的美好的意識。

3．企業領導者要七分做人，三分管人

領導者不應只依賴各項規章制度。俗話說：「不依規矩，不成方圓。」這是社會的需要，無論什麼行業，都需要制度來約束維持。大到一個國家，小到一個企業、一個家庭，都有大大小小的規矩。「國有國法，家有家規」就是這個道理。但是需要強調的是，規章制度並不是一成不變的，它需要跟隨時間而不斷調整。就一個國家來說，法律是隨著社會經濟文化的發展而不斷更新變革的。這個道理對企業也是適用的。好的制度能夠使企業快速發展，員工積極工作，不好的制度會降低員工的工作積極性，減少企業的效益。所以為了使員工不斷上進，保持熱情的工作態度，就需要不斷修改企業的制度，以適應社會，適應員工。

企業經營者必須要修好心理這一課。作為經營者，需要有清醒的頭腦：在企業紅火時，不能隨心所欲地給員工發放獎金；當企業效益不佳時，也不能太吝嗇，要學會體諒到員工的生活需要，不要在員工獎金上打太多主意。企業經營者在經營狀況良好

時大派利市，惡化時就一毛不拔的做法對員工來說是沒有任何好處的。員工都是有感情的，只要能好好地揣測員工的心理，制定出良好的政策規定，就能獲得員工的擁護，提高員工的熱情和工作積極性，這對企業的發展是至關重要的。因此說，偉大的企業家也是偉大的心理學家。

稻盛和夫作為一個著名的企業家，也被人稱為心理學家，他的企業的發展離不開他對制度的不斷調整和改革。他在晚年經常參加企業會談，為年輕的企業家提出寶貴的企業經驗。從以下的會談中我們就可以認識到領導者需要不斷地改革創新，而不能只依賴各項規章制度。

有一家創立了40年的公司，是最初以生產聚乙烯薄膜為主的合成樹脂企業。經過幾十年的發展，該公司已成長為一個由五家不同公司構成的集團。其總裁在上任之後，對公司人事管理進行了調查，並對科長級別以上管理人員的考核方式進行了改革更新，為這類管理人員制定了與其所掌握預算相匹配的具體業績指標，把員工的獎金與業績捆綁在一起，依照公司的盈虧狀況，按一定比例決定公司將要發放的年度獎金總額。並且對於管理人員，在一定範圍內拉開各自的獎金和工資增長的差距。雖然總裁一直都在努力實現員工之間人事考核的差異化，但是現狀卻總是無法得到讓人滿意的結果，必須不斷地進行調整。在公司內部，既有像行銷這樣容易適用數值管理的部門，也存在與此相反的部門，此外還有不少部門由於所處地區不同，在對這些部門進行考核時，總裁不知道應該採取怎樣的標準才好……

稻盛聽了這家公司的成長過程後，提出自己的多年的經驗。他說：

「對於即使創建已40年的公司來說，沒有什麼簡單易行的規則來幫助你對手下員工做出正確的評價。在這種時候，為了獲得客觀的考核方法，不少企業都採用了成果主義的考核模式。所謂成果主義就是指企業對提高業績的員工增加薪酬，反之對於那些無法提高業績的員工則幾乎不支付什麼薪酬。

「儘管對那些能夠順利完成所定目標，取得一定成績的員工的確應該予以獎勵，然而與此同時，企業如不能對那些雖然沒有實現預定目標，但是為實現這個目標而付出辛勞的員工給予應有認可，那麼終究無法全面提高企業員工的工作積極性。因此在對員工進行評價考核時，並非依靠幾個數字就能解決問題。

「企業的經營者在制定了相關的規章制度後就撒手不管的做法當然輕鬆，然而更

重要的是，經營者還必須紮紮實實地傾注心血，親自去督導手下的員工。以我本人為例，我會出席下屬各個部門的會議，在會議上認真傾聽員工們的意見，觀察他們列舉數字進行說明的樣子。然後又會在工作之外，在公司舉辦的聯誼聚會上再次傾聽觀察同一個員工的言行，然後就足以最終認清這個人究竟是個『工作好手』，還是個『雖然在開會時能說些豪言壯語，但是做人卻不行，是個靠不住的傢伙』。與此同時，我也要求自己的幹部利用這種方式來對手下做出評價。

「我認為在進行人事考核時，關鍵的一點不在於制定好規章制度，然後依照這個規章制度進行評價，而完全在於經營管理者在共同日常工作當中，對自己手下的員工到底能夠關注到什麼樣的程度，並做出合理評判。」

從稻盛和夫的經驗可以看到，企業領導者需要在企業的效益發展中不斷地改變原有經營策略和規章制度，這樣才能減少員工的不滿，增強企業的活力，員工的積極性提高了，那麼就會有更多創新的想法，這樣就會為企業的發展增加新鮮的意見，以利於企業不斷進步，取得更大的效益。

綜觀當代企業，只有不斷創新，才能在競爭中處於主動，立於不敗之地。許多企業之所以失敗，就是因為他們做不到這一點，只是一味地追逐規章制度，受制度的束縛，缺少靈活運用的能力。所以領導需要擺脫規章制度框架，隨著企業的不斷發展而進行組織變革和創新，通過員工態度、價值觀和信息交流，使他們認識和實現組織的變革與創新。

在企業中沒有一個一成不變、普遍適用的最優管理理論和方法。企業中人的行為是組織與個人相互作用的結果。通過企業的組織變革和創新，改變人的行為風格、價值觀念、熟練程度，同時能改變管理人員的認識方式。可見，領導者不應只依賴各項規章制度，只有這樣，企業的經營才能蒸蒸日上，取得最優的效益。

領導者應該隨時保持一顆謙卑的心。稻盛曾說：「任何人所擁有的一切，與浩瀚無際的宇宙相比，都只是滄海一粟，微不足道。」

不管你有沒有做好準備，今天所擁有的一切，某一天都不會再屬於我們，不管我們擁有什麼、擁有多少、擁有多久，其實擁有的不過是那一瞬間。在激烈的市場競爭中，更是如此，你可能今天還是個百萬富翁，明天就成了街頭乞丐。因此，無論何時

何地，我們都應保持一顆謙卑的心。

在提到領導者應該具備怎樣的條件時，稻盛和夫說，一個領導者應該具備這三種心態，即樂觀的心、好勝心及謙卑的心。領導者之所以要隨時保持一顆謙卑的心，權力與權威會使人道德淪喪、驕矜自大，或以高傲姿態面對眾人。

在這樣的領導下，團隊或許能獲得短暫的成功，但不能持續地成長。最後，團隊裡的人都不想再合作下去了。而且，現在不幸的是，整個社會已經變得越來越以自我為中心，而且我們的判斷標準也反映出這種趨勢。

如果大家都失去謙卑的態度，一定會產生無謂的、破壞性的衝突。領導者就必須謙卑地承認自己有今天的地位，都是依靠廣大追隨者的努力。唯有謙卑的領導者，才能創造出一個合作的團隊，並引導其走向和諧、長遠的成功。

很多人一旦到高處，就容易忘了自己是誰，忘了自己是如何上來的，會有驕傲，會自我膨脹，這種高興、自豪的心情是可以理解的。一不小心，在眾人面前露出囂張的氣焰，雖然他們大多也會忍受，會壓抑自己的不滿，但是終究無法忘記這種不滿。而這種不滿又會在工作和生活中無意識地表現出來，他們可能會有意無意地抵制你，讓你碰釘子。

所以，領導者要時刻保持謙卑心態，不管是在什麼時候，不管是在什麼工作中，不管是對什麼人，領導者都要保持謙卑的心。飛到高處，就更要記得是什麼讓你飛到了這個高度，飛得越高，頭越要低。無須炫耀你的高度，因為你的高度世人都看在眼裡。因此有了榮耀時，要更加謙卑，要去感謝他人、與人分享。

帕爾梅首相在瑞典是十分受人尊敬的領導人。他雖貴為政府首相，但仍住在平民公寓裡。他生活十分簡樸、平易近人，與平民百姓毫無二致。

帕爾梅的信條是：「我是人民的一員。」除了正式出訪或特別重要的國務活動外，帕爾梅去國內外參加會議、訪問、視察和私人活動，一向很少帶隨行人員和保衛人員。只有在參加重要國務活動時，他才乘坐防彈汽車，並有兩名員警察保護。

有一次，他去美國參加一個國際會議，人們發現他竟獨自一人乘計程車去機場。帕爾梅從家到首相府，每天都堅持步行，在這一刻鐘左右的時間裡，他不時

同路上的行人打招呼，有時甚至與同路人閒聊幾句。帕爾梅同他周圍的人相處得都很好。在工作之餘，他還經常幫助別人，毫無高貴者的派頭。帕爾梅一家經常到法羅島去度假，和那裡的居民建立了密切的聯繫，那裡的人都將他當作朋友。他常常獨自騎車閒逛，鍘草打水，劈柴生火，幫助房東幹些雜活，彼此之間親如家人。

帕爾梅喜歡獨自一個人到處逛，去學校、商店、廠礦等地，找學生、店員、工人談話，了解情況、聽取意見。他從沒有首相的架子，談吐文雅、態度誠懇，也從不搞前呼後擁的威嚴場面。這些都使他深得瑞典人民的愛戴。

做一名謙卑的人並不會讓高貴者變得卑微，相反，做一個謙卑的人更能贏得人們的崇敬。帕爾梅首相就是一個很好的證明。

一個企業領導時刻保持著謙卑的心態，他的下屬便願意和他交流自己的想法，願意向他提建議或指出新的方案在實行中有可能出現的錯誤，並建議及時補救或是改正，使得企業的損失降到最低。這樣企業的效率就會提高，企業利潤也會隨之提高。

謙卑是一種素質，如果企業領導者能夠擁有謙卑的心態，他就能虛心聽取企業各部門各階層的意見，這樣他就能了解企業各個部門的狀況，企業員工的情況，有利於對企業的領導和發展，同時也能提高他自身的素質和修養。稻盛和夫說過，企業領導者具備謙卑的心，就不會驕傲自大，不會欺詐，也不會輕視他的員工。

稻盛認為，如果領導者具備謙卑的心，員工就會對公司有感恩之情，員工也就不會計較個人得失，這樣就能形成一種和諧的企業文化，就有利於企業的發展。如果沒有謙卑的態度，人們將很難尊重、聆聽那些能力遠在自己之下的人。

聆聽所有與我們相遇的人，而不論他們的智力水準如何。保持一顆謙卑的心，是在給自己的人格魅力增加砝碼，是尊重他人，同時也是在提升自己。

4．面面俱到，巧妙運用權威的力量

管理者需要具備均衡的人格。企業就是一個接著一個的重大決策聯結成的鎖鏈。

有時候即使立場與其他的主管等相左，但是仍然要堅定決心去執行自己的計畫。身為主管有時候必須要嚴厲地責備屬下。在培訓部下時，一定要嚴格清楚的向他們交代任務，並要以身作則的要求自己，運用威權來領導手下的員工。

威權是一種力量，是權力力量和人格力量的聚合，一旦擁有，就將無往而不勝。威權是領導和管理好一個單位的保證。威權獲得途徑絕對只有一條，這就是通過自己的實踐去樹立、去建立。實踐出真知、出權威。一個成功的領導者要獲得真正的權威，必須要有剛柔相濟的魄力、要有聰明睿智的魅力、要有眾所共仰的威力。

領導者要想讓下屬服從管理並接受你的管理，就必須要有威信。領導者的威信來自於兩方面：一、是權利所賦予的；二、是以自身能力、品質爭取的。威信是一個合格領導者的基礎。沒有威信的領導者是無法行使權利的。

稻盛認為，會管理人的領導者，個人威信遠遠超過權利行使。領導者是把威信發揮到極致，影響他人，從而實現目標的一種人。一個成功的經理人說：「在現實世界裡，眾所皆知的一流經理人，每一位都具有罕見的人格特質，他們處處展現出威信的風範。他們不但能激發員工們的工作意願，又具有高超的溝通能力。」

領導者在樹立威信的過程中，要尊重下屬，擁有良好的溝通能力，才能贏得獲得正確的信息，才能真正贏得威信和尊重。

領導者經常犯這樣的錯誤：在手下還沒有來得及講完自己的事情前，就按照經驗大加評論和指揮。這樣既容易做出片面的決策，又使員工缺乏被尊重的感覺。時間久了，領導就成了「孤家寡人」，在決策上也就盲目了。

對於一個優秀的領導者來說，個人的威信或影響力，比職位高低和提供優越的薪資、福利重要許多。它才是真正促使員工發揮最大潛力，實現任何計畫、目標的魔杖。領導者需要更多的是令人懾服的威信，而並非僅僅是權力。擁有威信與否，正是一個領導者能否成功的關鍵。

另外，領導者在員工之間樹立威信，其自身的魅力是格外重要的，試想，一個毫無魅力的領導又怎能博得下屬的忠誠呢？領導者要想擁有魅力，就必須從自我修煉開始。認真做每件事，在工作中不斷提高自己的能力。挑戰自己過去難以做到的事、有困難的事，要時刻要求自己、提高自己。

稻盛和夫個人的行事風格是：正人應先正己，做事先做人。管理者要想管好下屬必須以身作則。示範的力量是驚人的。主管的一舉一動，員工都看在眼裡，身為主管一定要樹立一個好的典範，下面的人才有遵循之道。同時經營者要有勇氣來領導，真正的力量與財富，名聲和體能無關，而是有勇氣做正義的事情。

部下對領導的弱點相當敏感，如果領導者不公正，就無法讓大家產生信任。一旦通過表率樹立起在員工中的威望，將會上下同心，大大提高團隊的整體戰鬥力。得人心者得天下，做下屬敬佩的領導將使管理事半功倍。

稻盛說：「衡量一個領導人是否稱職，關鍵在於看他是否每天都可以在強大的責任感之下，抱著自我犧牲的精神進行工作。」領導者必須具有拋卻私心，竭盡全力，即使犧牲個人利益也在所不惜的勇氣。

他還指出，領導應走在員工前面，並且一直走在前面。他們用自己提出的標準來衡雖自己，並且也樂意別人用這些標準來衡量他們。優秀的領導就是能不斷成長、發展和學習的人。他們願意付出當領導的代價。為了能不斷提高自己的水準，拓寬自己的視野，增加自己的技巧，發揮自己的潛能，他會做出種種必要的犧牲。他們通過自己的努力變成受別人敬仰的人。

如果領導者公道正派、光明磊落、勇於負責、甘於奉獻、團結同志、寬容和諧、吃苦在先、享受在後，就一定能夠使所在的組織成為一個具有較高親和力、凝聚力和戰鬥力的集體；就一定能夠形成團結一致，眾志成城、所向披靡、無堅不摧的企業團隊。

如果一個人具備了上述提及的優秀品格，那麼顯然，他也具備了成為一個領導者的基本素質。其實，成就的取得，並不僅僅依靠外在的改變，更在於對自我提升的強烈願望。

無論是勤勞、儉樸、奮鬥、任勞任怨還是卓越的進取意識，都是值得花費一輩子去努力精進的品德。只有擁有了這些品德，你才有可能在這個崇尚競爭和拼搏奮鬥的社會中使自己的地位得以確立，並得到大家的認可。

稻盛和夫主張，領導者一定要有勇氣且正直，樹立道德典範，言行一致。擁有耐心和勇氣，咬緊牙關，把自己奉獻給企業。真正的經理人擁有卓越的才智和力量，並

能全心全意地領導企業。

一個真正有能力的領導者，要具備全心奉獻的能力，要能在強大的責任感之下，抱著自我犧牲的精神進行工作，因為在競爭嚴酷的企業環境裡，員工、顧客和公司的投資方對你的期望都很大。特別是在艱難之時，員工很需要一位強而有力且果斷的經理人來為大家打氣。自我犧牲是每一個領導者必須願意付出的代價。

如果沒有全體員工的積極支持和參與，即使絕頂聰明的人也難以獨自駕馭企業取得成功。所以作為企業領導人首先要讓員工對自己的企業和工作產生信心，而要使員工產生信心需要領導者　持公正與勇氣。這樣才能像交響樂團指揮演奏出美妙和諧的交響樂那樣，能組織、協調、指揮眾人團結合作，共創企業未來的優秀企業家，才有可能取得成功。要讓大家產生信心，首先要培養一種共同實現企業目標的理念，這種共同理念是一種無形的推動企業前進的巨大力量。

在培育和引領這種理念時，秉持公正與勇氣是企業家成功的一把鑰匙。所謂這種理念，也就是一種企業經營文化。優秀的企業文化，可以不斷聚集更多的優秀人才，並且能夠使他們在這裡同化，快速成長，充分發揮他的才能；領導者秉持公正與勇氣為企業文化建設營造一種良好的內部環境，從而吸引更多優秀的人才。只有一直堅持把「公正與勇氣」的企業文化作為企業制定各項制度、決策及用人的標準，視為企業發展的靈魂，使它像血液一樣能滲入到企業的每一條血管，甚至是微血管，它就能成為企業翱翔的翅膀。

稻盛和夫的企業成功經驗之一就是，他一直秉持：不論你有什麼關係，不論你在什麼崗位，不論你曾經作過多大貢獻，如果一旦發現你犯了無法挽回的錯誤，而且是帶有人格污點的錯誤，你就得退出公司；而如果你做出了貢獻，不管你是處於什麼位置，都能得到公司全體員工的祝福和公司的獎勵。這就是一個領導者需要秉持的公正和勇氣。

他指出，為了保持員工對工作的希望與熱情，在面對表現不佳的員工時，公司除了採取協助的行動，給予員工改進的機會外，也要顧全員工的面子，例如，將員工更換到其他職務時，所抱持的態度是，幫助他找尋更能發揮他長處的方法，而不是給予他的懲罰。同時，領導人要有勇氣做出不受歡迎的決策與言人所不敢言。很多時候必

須做出困難決，例如解雇員工、削減專案計畫的經費等。

領導人必須同時擁有公正與勇氣。當員工在表現差時找藉口，就需要領導人處罰或是指責員工，而不是讓他們損害原則。每名員工都有相同的機會追求成功，如果有人表現好，領導人就應站起來鼓掌，如果有人表現差，領導人就應如實給予他相應的處理。

如果公司領導人以身作則，秉持公正和勇氣，並且鼓勵各個部門做到公平，就能夠吸引人才上門。秉持公正與公平，就使得企業形成一種像水一樣無形，擁有和水一樣的無窮力量的企業文化。像水可以滴穿石頭，衝破千山萬仞一樣，這種企業文化可以在各種情況下使得企業戰勝各種挑戰，面對各種危機，最終使企業發展強大。

5．管理者應該具備為公司整體的意識

稻盛和夫在談到成功經驗時，曾說：「作為領導者應該具備『為公司整體』的意

識，要敢於承擔責任。」領導者在某種意義上就是嚮導，領導者的思想及作為必須給下屬一個導向，所以領導者必須懂得以身作則，做下屬的榜樣。只有做到這點，才能在企業樹立一種團結向上的積極的企業經營文化，在這種文化的影響下，企業就沒有不興盛的道理。

他提出的「為公司整體」的意識，是要領導者在企業營造一種顧大局，講團結的企業文化。企業的發展需要靠團隊的合作和共同進步，在企業發展中企業內部的團結問題至關重要，每一個部門，每一個項目組，如果不團結，就不能提升業績，這樣企業的效率也就上不去。團結既是一種資源，又是一個環境。每個人都具備「為公司整體」的意識，用於承擔責任，互相關心，工作上互相支持，生活上互相幫助，心理上互相理解，這是企業一筆難以用金錢衡量的無形的資產。

遺憾的是，現在很多企業中一些具有高級地位的人試圖擺脫責任，甚至擺脫必須由自己肩負的責任，這不能不說是企業的悲哀。所以領導人作為企業最重要的力量，要形成一種「大局觀」的意識，一個人的責任心有多大，他的視野和思路就有多大，他的事業就有多大。

作為一個企業的領導者，不能僅僅想著自己的私利，也不能僅僅為了家庭，還不能僅僅考慮本部門的利益。如果企業領導者都只顧及本部門的利益，那麼就會形成企業內部各部門之間的糾紛、扯皮現象，這是企業發展中最忌諱的。一旦企業內部形成這種氛圍，將很不利於團隊或是專案小組的合作，那麼企業的發展就無從談起。

就像稻盛所說的，企業應該形成一種人人「為企業整體」的意識，形成一種人人為企業目標和企業發展而奮鬥的氛圍。只有一個企業領導者考慮到全體員工，整個公司，乃至社會，勇於承擔責任，才能在企業中樹立一種敢於擔當的領導者形象，才能在企業內部形成一種是激勵人們奮發向上、公而忘私的內在力量，有利於形成互相理解，互相關愛的企業文化氛圍，進而有利於企業的快速發展。

稻盛和夫在被問到創立企業最重要的是什麼的時候，他答道：「首先的大原則就是，明確事業的目的和意義，也就是樹立光明正大、符合大義名分、崇高的事業目的。」為什麼要創辦企業？企業存在的理由到底在哪裡？有人為了賺錢，有人為了養家，這些並不錯，但要讓全體員工與自己風雨同舟、共同奮鬥，缺乏「大義名分」是行不通的。正如他說，「原來我的工作有如此崇高的意義」這樣的「大義名分」，如果一點兒都沒有，人很難從內心深處產生必須持續努力工作的欲望。企業經營的根本意義和真正目的既不是「圓技術者之夢」，更不是「肥經營者一己之私」。

他還指出，經營者必須為員工物、心兩面的幸福殫精竭慮，傾盡全力；必須超脫私心，讓企業擁有大義名分。這種光明正大的事業目的，最能激發員工內心的共鳴，獲取他們對企業長時間、全方位的協助。同時大義名分又給了經營者足夠的底氣，可以堂堂正正，不受任何牽制，全身心投入經營。

如果一個企業僅以獲取利潤作為自己的目標，那麼結局就是老闆要員工創造最大的價值，而員工卻希望得到最大的回報。因此，從這個意義上說，告訴員工為什麼工作比教育他們怎樣工作更重要。看完下面這個例子之後，你就能更具體的了解到明確事業的目的與意義。

一位從事機械製造的企業家最近總是悶悶不樂，朋友問他發生了什麼事情，他說公司管理混亂，讓他很是頭疼。這位朋友特意去了這家企業，在裡面轉了一圈後，對這位企業家說：「你應該沒有去過菜市場吧？」企業家點點頭。朋友接著說：「一般

來說，菜市場總是存在著這樣兩個現象，一個是賣菜人習慣於缺斤少兩，買菜人習慣於討價還價。你企業的問題也正是出在這兩個現象上面。一方面是你在工資單上跟職工動腦筋，另一方面是雇員的工作效率和工作品質缺斤少兩。也就是說，你和你的員工一直都是同床異夢，這就是公司管理不善的癥結所在。」

建立業務目標是建設企業文化的主要工作任務。一個宏偉而又能為企業員工認可的企業目標，能讓員工看到自己工作的巨大社會意義和光明前途，從而激發強烈的事業心和與企業永遠保持在一條戰線上努力工作。

明確事業的目的與意義，非常關鍵。因為它是員工行動的方向標，員工行為的動力乃至企業目標的實現是員工個人價值和利益實現的必要因素。首先要確保員工人身安全、員工工資收入和員工自我價值的實現，才能確保企業的可持續發展。這就需要管理者把企業的目標和員工利益息息相關的關係進一步明確化，對員工進行宣傳闡明，激發員工工作的動力，培育員工自動自發的敬業精神。

人行為的動力，來自於謀求有益於自己的東西，就像很多單位的員工，上班時勁頭不大，下班時急急匆匆，從人行為的動機分析，那是因為他有渴望回家完成自己認為該做的事的願望，所以說，通過宣傳教育讓員工知道企業目標的內涵及與自身利益的關係，應是調動員工工作積極性的有效辦法。這就需要管理者全面地對員工解析目標的內涵。從而使員工在目標動力的驅動下，激發工作的激情。

6．經營者心中要保持強烈的意願

領導者只有心中保持強烈的意願，推陳出新，不斷用新的思路、新的方法、新的藝術去指導和領導你的下級，讓這種意願成為整個企業的文化，成為企業的靈魂，形成企業的一種精神境界和價值觀，貫穿在全體員工日常生活和工作之中，展示企業的宗旨、理念、精神、品牌。然後成為員工共同的價值觀念和行為規範，讓每一位員工都明白這樣做是對企業是有利的，而且都是自覺地，這樣做久而久之就形成了一種習慣，習慣成自然，就成了眾人頭腦裡一種牢固的觀念，成了眾人的行為規範。

毫無疑問，任何一個企業都希望擁有充滿激情的員工，問題是員工的激情來自哪

裡？有人認為員工的激情是與生俱來的，所以關鍵在於選拔富有激情的員工；有人認為員工的激情是後天培養的，是通過滿足員工的事業追求而獲得。

就工作激情本身而言，應該既非先天秉承之德，亦非後天培養之功，而是由特定因素激發而來。企業管理千頭萬緒，其中最困難的是用人。認可下屬的努力，不但可以提高工作效率和士氣，同時可以有效地建立其信心，提高員工的忠誠度，激勵他們接受更大的挑戰。

有些員工總是抱怨說，領導只有在員工出錯的時候，才會注意到他們的存在。管理者有責任對下屬的工作給予正面的回饋，以加強他們的自信。為了充分調動員工的積極性，必須使他們相信，他們的努力會使工作富有成效。領導必須要掌握鼓動下屬士氣的技巧，只有將公司的員工的工作熱情都激發起來，企業才能以最低的成本創造最高的價值，企業就能不斷收益，就能不斷發展。

稻盛和夫認為，使員工明白企業的經營目的，並且讓員工分享公司的經營成果，是激勵員工的有效措施。稻盛和夫在經營京瓷時，就以大家庭的利益使大家明白自己在幹什麼，幹完這個後能得到什麼。他讓員工持一部分公司的股票，使大家感受到大家庭的氛圍。通過這樣的策略，稻盛和夫得到了員工的信任和支持，激發出了員工的工作熱情。

他還說，要想使員工具備某種特質，領導者首先得自己擁有這方面的良好品質。所以在激勵員工時，領導者首先要學會控制自己的情感。因為，領導者的態度和情緒會直接影響與其一起工作的員工。如果領導者情緒低落，那麼他的員工也將受到影響而變得缺乏動力；相反如果領導者滿腔熱情，那麼他的員工必然也會充滿活力。

激勵員工，激發員工的工作熱情，領導者首先應該明白自己員工的心理，並且學會讚美，提拔下屬。多數員工都希望在工作中有晉升的機會，沒有前途的工作會使員工產生不滿，最終可能導致辭職。如果企業不能為員工提供足夠的升遷機會，多半是因為企業整體或某些部門停滯不前之故。這時企業領導者就必須下定決心採取行動，騰出位子，為提拔優秀員工創造條件。

信任和鼓勵的力量有時候遠遠超過金錢，因為它讓員工感到自己獲得了尊重，能力得到了認可和賞識。現代管理學認為，企業的發展不光是來自經濟的財富，而且還來自人的力量。每個企業的管理任務則在於誘導和強化這種力量。現代工作指導方法

是，使全體員工站在企業管理者的角度，充分發表自己的意見和看法，領導者則審這些意見和看法的可行性。這種群體中爆發出來的活力，也就造成了企業的聚合力。員工謀求公司的承認和同事的認可，希望自己出色的工作被企業「大家庭」所接受。如果得不到這些，他們的士氣就會低落，工作效率就會降低。他們不僅需要自己歸屬於員工群體，而且還需要歸屬於公司整體，是公司整體的一部分。

每個員工都有實現個人價值的強烈願望，經理人善於欣賞和認可員工，正是對他們的最好激勵。所有的員工都希望得到公司的賞識，甚至需要與他們的上司一起研究工作，直接從領導那裡了解企業生產經營情況。稻盛和夫認為，這種做法有助於拉近管理者與員工之間的距離，使員工感到自己是公司的主人，從而積極主動地尋找任務，而不是被動地等待。

當企業所做的一切出發點都是為了職工的時候，職工勢必也能夠感受到企業的真誠，科學管理能讓一切規範化，條理化，卻不能讓一個有情感的人煥發出活力與熱情。只有認可、尊重等「人性化」管理才能讓人感受到尊重與溫暖，激發員工的工作熱情，才能創造出硬邦邦的「條例」所不能創造出的巨大財富。

過去には感謝を
現在には信頼を
未来には希望を

京瓷因為關注和幫助員工成長，讓員工與企業和團隊一起成長，使得京瓷發展成為世界範圍內的強大企業，一般來說，員工更願意為那些能給他們以指導的公司效力。因此，管理者應定期與下屬討論績效改進和個人能力提升計畫，真誠地指導下屬存在的問題以及努力的方向，使下屬不斷進步。還有讓員工在工作中獲得知識的累積，比單純獲得金錢更有吸引力。因為員工總是想讓錢變得更多，而只有知識才能帶來更多的錢；當員工感到自己在工作中提高了水準，有賺更多錢的信心和能力時，他們對企業的感激才會是發自內心的。只有這樣，才能激勵員工為企業發展努力，並提高員工忠誠度。

曾有一位成功的企業管理者說過，愛心是企業激發員工創造力的成本最低的最有效途徑。所以，現今很多企業領導人都開始關心下屬，讓員工和下屬感動，以一顆真誠的心對待員工。這樣就使得這些員工自然把企業當成自己的家，信任並且為企業努力創造價值。

對待員工要有關愛之心，因為擁有關愛之心的人，能得到他人的愛戴。領導者要真誠地關心、愛護、激勵、鼓舞員工，表現出親切、自然的態度，使得員工與你交往

時不必費神就能與你愉快相處，你才能得到他們的支持和信任。

如果每個領導人能夠和藹地對待員工，以一顆寬容慈愛之心對待他們，關心員工的職業發展，在生活上提供幫助，解決他們的疑難問題。就會喚起大家的工作熱情，創造激情，營造出相互友愛的良好環境。

7．會聚人、會用人、會留人的領導者

「量體裁衣」：內力不濟時需靠外援。企業經營需要各種各樣的人才，怎樣獲取這樣的人才，怎樣任用這樣的人才，這是在企業經營中一直困擾領導者的問題。稻盛和夫曾經說過，企業經營要充分運用各種人才的優勢和所能用到的各地方的人才。這就需要企業「量體裁衣」，並在內力不濟時依靠外援。

在企業經營中所謂「量體裁衣」是指領導者在企業任用人才方面，要「人盡其用」，要善於挑選和任用各種人才。在稻盛和夫看來，企業用人必須要打破一個誤

區，即不要過於短視，而要有長遠的戰略眼光。「十年樹木，百年樹人」，因此，不要指望人員招進來，馬上就能夠按照企業的要求去工作，就能很快產生效益。畢竟，不論是哪類人才，到了企業之後，都要經過企業的「雕琢」和「洗禮」，讓他變為企業的有用人才，這樣才能更好地人盡其用。

稻盛指出，企業要想更好地留住人才，不妨要對人才進行規劃分類，看他屬於什麼樣的種類，他究竟是一棵什麼樣的「樹木」，再根據他的「年輪」、「樹型」、「樹質」等，給予不同的培養和任用方式，給他一片「沃土」，但不可拔苗助長，只有摒棄短視的心理，企業才能讓人才更好地發揮潛力，大刀闊斧地開展工作，真正地與企業融為一體，為企業的發展做出貢獻。

企業要想發展壯大，就得學會「量體裁衣」，要學會「量體裁衣」，企業首先得了解人是有多種需求的，企業為職工創造適當的非物質的精神文化條件，使人才在自己的工作崗位上感受到優越的企業文化和精神，並感到驕傲和知足，從而激發人才的工作積極性和創造性，在企業中形成一種「人才效應」，從而感染外界，增強企業對人才的吸引力，這樣可以在內裡不濟時，靠外援。同時，結合企業內部的實際情況，

依照企業的目標策略，給人才設置挑戰性的工作或職位，使其能夠在工作中得到發展，不但刺激了人才自我滿足、自我實現的需求，也使得人才在實際工作中得到鍛煉和成長，以促進企業的可持續發展。

企業需要一個科學、健康的人才選拔機制，把那些具有真正管理能力和高度責任心的優秀人才選用到領導崗位和關鍵崗位上來，做到「量體裁衣」。只有真正做到量體裁衣，人盡其用，企業在人才任用方面才能人人各司其職，合理利用人才，減少企業人才的浪費和流失，企業才能獲得長遠的發展。

在提到企業經營中人才的任用，稻盛和夫說：「構築組織好比修築城池。修築完美的城池首先必須建造堅固的石牆。石牆並非僅由優秀之人構成。巨石之間必須填埋小石塊（普通人才）。每個險要之處，若沒有巨石間的這些小石塊，那石牆必然脆弱不堪，一觸即潰。」

企業是由所有員工共同創造的，企業的發展是所有員工共同努力放入的結果。因此，領導者要在企業經營管理中要重視每一位員工，公平對待每一位員工，最重要的是信任每一位員工。現在一些企業，無論是所有者、經營者都對員工存在工作上的不信任，對員工的態度依據員工能力的強弱，不夠重視員工，員工經常受到不公平待遇的情況，在這種企業中員工不能自發的為企業工作，而只是把企業當作一個驛站。因而企業要建立一種和諧的文化氛圍，而不能只靠制度來約束員工的行為，要重視、信任和公平對待每一位員工，讓員工能夠充分發揮聰明才智。

要修築企業這道完美的城牆，就需要建造堅固的石牆。稻盛認為，這個石牆可以是企業的硬體設施，也可以是企業的軟實力。企業在制度、技術和設施等方面要不斷創新的同時，要注重和諧的企業文化建設。和諧的文化建設就要求企業領導、主管充分信任、重視你的每一位下屬，你的每一位員工，對他們委以重任，給予他們充分的權力，放手讓他們去完成工作任務，在這樣的環境下，每一個員工的工作熱情和積極性都被激發，每一位員工都會努力地工作，努力地奮鬥，為企業、為自己去拼搏。成功的企業文化建設能使該企業員工的個體價值觀與企業的群體價值觀達成統一。

通過企業的不斷教化，提高員工的素質，達到人人認可，共同向往並共用這種價值觀。只有搞好企業文化建設，員工個體的理念和價值觀與企業群體的理念和價值觀

統一在一起，企業群體的價值觀才有可能體現出來。企業才能方向一致，目標統一，群情激揚，眾志成城，這樣領導者還用愁企業效益嗎？

曾經有一家企業，雖然企業的硬體設施不是很完善，但企業的發展很迅速，在短短的幾年時間裡，由一家只有一個廠房的企業發展成為擁有多家連鎖公司的企業。之所以能有這樣的成就，是與該企業領導者尊重、信任和公平對待每一位員工分不開的。這位經營者做到了稻盛和夫所宣導的理念。

就是因為他給予員工充分發揮才能的空間，讓他們參與管理，讓員工參與工作研究、制定目標和標準，他的員工因此工作努力，主動發揮出最大潛能，將工作做得出色、完美。這位領導人還為員工提供個人晉升或成長的機會，當員工的工作完成得很出色時，他恰如其分地給予真誠的表揚與激勵，讓員工感動、欣慰、興奮，這樣員工積極性更高。他還對全體員工關懷備至，創造了一個和睦、友愛、溫馨的工作環境。該企業的員工生活在團結友愛的集體裡，相互關心、理解、尊重，產生了滿足，愉快的情感。正是這位領導人認識到修築完美的城牆必須建造堅固的石牆、認識到堅固的石牆要靠各種不同的石塊。他開始認識和認同各種不同的「石塊」。

他認同了每一位員工的力量，重視每一位員工追求自我發展，他認識到每個人有不同的特質、優點和缺陷，他用人做到了要容人之短，用人所長。因為一般才幹越高的人，往往缺點也越顯著，有高峰必有深谷。他認為存在某種短處的人並不妨礙他在長處方面創造業績。當他的員工犯錯誤的時候，他就給他改過的機會，並積極教育引導他們更正，使他們從陰影中走出來，成為更有能力的人才。他從來不會因為員工的偶爾失誤就處罰他們，而是強調積極的方面，鼓勵他們繼續努力，還幫助他們尋找失敗的原因，探討解決的辦法，在有益的嘗試中得到昇華。如此一來，他的員工隊伍總體水準不斷提高，他的企業也不斷受益，最終發展壯大。

修築完美的城牆必須建造堅固的石牆，堅固的石牆也需要很小、很不起眼的石塊，因此修築企業這堵完美的石牆，就要企業領導者不是要找「十全十美」的員工，而要懂得如何用人所長，把既有所長又存在某種不足的員工，組合成一個有效堅固的整體。

在稻盛看來，只有容人之短，才能用人所長，才能使被管理的物件揚長避短，有所作為。支持每一位員工，將自信和力量播種在他們的心田，點燃他們內心的激情之

火，對其工作成績予以認同，員工就能發揮才能，創造出驚人的效益。

8．任用人才的關鍵在於相信人的成長

當今世界，科學技術蓬勃發展，人才在經濟社會發展和綜合國力競爭中的地位和作用日益突出，人才已經成為國家、企業的第一位戰略資源。企業經營想要在激烈的市場競爭中發展壯大，就得善於任用人才，發覺人才，吸引人才。

稻盛和夫認為，人才正因為其有過人之處，通常也有恃才傲物的傾向，而且有時候一點點不如意或者看不過去的狀況，都是他們不如歸去的原因，他們通常認為一個好的管理者，應該是以德服人，德才兼備之人。除了賺錢之外，還需要照顧大家的權利，而不是對員工呼之即來，揮之則去。

要想吸引人才，挖掘到更多的人才，企業領導者就得以德經營。稻盛和夫的經營哲學中很重要的一點就是，以德用人。稻盛和夫在企業經營中，經常為員工的利益著

想，從未因公司或是自己的私利而損害員工的利益，他的經營中重視人才的培養，相信人的成長，才促使京瓷有了今天的成就。

大多數的管理者都會把「以人為本」、「人才是最重要的資產」等口號掛在嘴上，給員工的培訓計畫和培訓機會也只是表面形式的，這種企業經營中凡事都有「以利益為優先」的法則來處理，給員工的所有利益首先都要考慮企業的利益，只有在不損害企業利益的基礎上，才給員工一點好處。在這樣的企業中領導人總覺得自己的企業沒有人才，總是在尋找人才。

在稻盛看來，作為企業經營者，不能只靠找來解決企業中所需的人才問題，也要適當地培養人才，要相信人才的成長。只有誠心誠意培養人才，相信人才的成長，企業才能將合適的人才放在合適的崗位，這樣不但能培養人才還能吸引新的人才。

現今很多企業都有這樣的狀況，剛招聘過來的新員工往往試用期沒過，就紛紛辭職了，而空降過來的高層管理人員，往往合同期未過，有的人就開始「腳底抹油——開溜」，自己投入的大量培養費用白白地打了水漂。其實這些人才是因為這些企業用人機制的不規範，或待遇不公，厚此薄彼，或用人唯親，無用武之地等，自己不得不

另尋出路，最終造成雙虧的結局。

有些管理者，視人才而不見，即使發現了人才，也不信任他們、不重用他們，甚至壓制和打擊他們，由此，流失或是埋沒了人才。這些主管有些是因為害怕下屬中有能力太強的，將自己擠下去，有些是對人才的重要性沒有充分的認識，認為那些有一技之長的人才總是過於自信和驕傲，成不了什麼氣候，否定他們的創新理念和改革意見，而自己卻外行充內行，一意孤行、瞎指揮。正是由於這樣的主管，企業的業績遲遲上不去。

企業要相信人的成長，但同時也要注意不能在企業經營中形成，有「不可替代的人才」的局面。很多企業因為某個特殊的人物，帶動了企業的發展，甚至通常也隨著此人的離開而沒落。這也正是稻盛指出的，企業留住人才和吸引人才的關鍵在於相信人才的成長，而相信人才的成長需要企業根據自身特點，營造企業精英文化。

成功優秀的企業文化對於企業員工潛移默化的影響有著比物質激勵更為有效的作用。積極向上的企業文化會強烈影響企業員工的根本認識，並引導廣大職工為企業自覺地去努力工作，自覺護衛企業形象和利益，視企業為家；同時影響該企業的領導風格、領導方式和領導能力。而這些都是企業能否有效吸引人才的主要因素。

企業應該充分利用自身條件，結合當地經營生產的要求，開展員工的培訓計畫，提高員工的技能，提高企業凝聚力為主題的企業文化建設活動，讓員工在緊張的工作之餘，能充分享受企業的關懷與溫暖，企業在激烈的市場競爭中，充分利用與發揮各種人才的優勢，彌補不足，揚長避短，並相信人才的成長，才能在市場競爭中立足於不敗之地。

稻盛和夫在他的企業管理中始終以利他的思想來作為指導。他十分重視員工的利益，即使在經濟危機中的困境中，他還是向員工做出承諾，絕不裁員。當然，他也十分重視在企業中安置、任用資深員工。正是由於稻盛和夫這種絕不將資深員工棄之不顧的人文關懷，使得他經營的企業渡過一次次的難關，躋身世界五百強。

企業領導者應該既要善待那些新人，也要善待資深員工，因為這是保證企業持續、穩定、快速發展所必須要做的。他指出，企業不能以改革為名，損害老職工利益，只有保障資深員工的利益，才能算是對企業的前途負責任。

企業領導者應該把保證每位職工得到自己應得的利益看成是企業追求的一個最基本的目標。企業是大家的，由大家創造由大家分享企業的一切，最終使企業服務於每個人，這個重要思想一直貫穿在他們的企業活動中。正因為這樣，他們的企業才能深深地紮根在每個員工的心目中，才能深深地紮根在社會的土壤裡，因而才能展現出生機盎然，充滿朝氣與活力！

〈全書終〉

國家圖書館出版品預行編目資料

稻盛和夫人生哲學／比雅久和　編著；初版 –
新北市；新潮社文化事業有限公司，2024.01
面；　公分
ISBN　978-986-316-894-2（平裝）
1.CST：成功法　2.CST：人生哲學

177.2　　112017881

稻盛和夫人生哲學

比雅久和　編著

【策　劃】林郁
【制　作】天蠍座文創
【出　版】新潮社文化事業有限公司
電話：(02) 8666-5711
傳真：(02) 8666-5833
E-mail：service@xcsbook.com.tw

【總經銷】創智文化有限公司
新北市土城區忠承路 89 號 6F（永寧科技園區）
電話：(02) 2268-3489
傳真：(02) 2269-6560

印前作業　菩薩蠻電腦科技有限公司

初　　版　2024 年 01 月